MECKLENBURG

Burgen
Schlösser
Parkanlagen

Neidhardt
Krauß

Egon
Fischer

HINSTORFF

Inhalt

Seite 2:
Ludwigslust,
Park,
die sogenannte
«Kaisergalerie»

rechte Seite:
Güstrow,
Torhaus und
Westfassade
des Schlosses

Fotos: Egon Fischer
außer: S. 2, 42, 68/69, 74, 86, 100, 106 (Neidhardt Krauß);
S. 4/5, 38, 39, 55, 82 (Hubert Metzger);
S. 169 (Uwe Seemann)

CIP-Titelaufnahme der Deutschen Bibliothek
Krauß, Neidhardt (Text); Fischer, Egon u. a. (Fotos)
Mecklenburg, Burgen Schlösser Parkanlagen/
Neidhardt Krauß.-
1. Auflage. – Rostock: Hinstorff Verl., 1994.-
176 S.: 96 Farbfotos; Karte

1. Auflage 1994
Ausstattung: Eberhard Kahle
Karte: Anke Meusel
Herstellung: Verlag und Druckerei Fortschritt Erfurt GmbH
ISBN 3-356-00576-6

Vorwort

Mecklenburg begeht 1995 die Millenniums-Feierlichkeiten. Solche Jubiläen sind Anlaß zur Erinnerung an vergangene Zeiten, an viele historische Begebenheiten und an schöpferische Leistungen des Volkes, das seit eintausend Jahren zwischen Schaalsee und Trebel, zwischen Ostseestrand und märkischen Kiefernwäldern lebt. Auch architektonische Zeugnisse berichten in schöner Weise von den Leistungen unserer Vorfahren.

Überdauert haben in recht unterschiedlichem Erhaltungszustand sowohl alte Feldsteinkirchen in den Dörfern als auch mittelalterliche Burgen. Seit der Epoche der Renaissance wurden in Mecklenburg in zunehmendem Maße auch Wohnsitze für den Adel gebaut, die man heute gemeinhin als Schlösser bezeichnet. Neben dem landesherrlichen Grundbesitz bot das weite Mecklenburg auch genügend Platz für eine Vielzahl von Grundbesitzern (Lehnsträgern), die später nicht selten künstlerisch bedeutende Barockschlösser in reizvoller, vielgestaltiger, von der Eiszeit geformter Landschaft errichten ließen. Das 19. Jahrhundert war schließlich das Jahrhundert, in dem die großen noch heute vorhandenen landwirtschaftlichen Betriebe entstanden, die man Güter nannte. Zu einem Gut des 19. Jahrhunderts gehörte ebenfalls ein Schloß oder größeres Wohnhaus, für das die Begriffe Gutshaus und Herrenhaus gebraucht wurden. Neben den dorfbildbestimmenden Schlössern und Gutshäusern sind auch eine Vielzahl ländlicher Parkanlagen in Mecklenburg erhalten. Diese unterlagen in den vergangenen fünfundvierzig Jahren meist nicht ihrer ursprünglichen Bestimmung und befanden sich daher oft in wenig befriedigendem Zustand.

Von der Geschichte der Burgen, Schlösser und Parkanlagen sind die Familiengeschichten der Bauherren und auch die mecklenburgische Landesgeschichte nicht abzukoppeln. Daher sollen sie andeutungsweise Erwähnung finden.

Schweren Herzens mußte eine Auswahl hinsichtlich der in diesem Band vorgestellten Bauwerke und Parkanlagen erfolgen. Es war unser Ziel, neben bekannteren Burgen, Schlössern, Gutshäusern und Parks auch solche zu beschreiben, die bisher kaum Beachtung fanden.

Die Burgen, Schlösser und Parkanlagen werden an einer gedachten Reiseroute beschrieben, die von Rostock, im Norden Mecklenburgs, durch den Klützer Winkel und das Gebiet um Schwerin in das südliche Mecklenburg-Schwerin führt. Das Gebiet des historischen Mecklenburg-Strelitz wird durch eine zweite Reiseroute erschlossen. Sie führt von der ehemaligen Residenzstadt Neustrelitz zur mecklenburgisch-brandenburgischen Grenze im Süden und in den Nordosten zum Galenbecker See und der Grenze zur brandenburgischen Uckermark.

Seit dem Erscheinen der 1. Auflage im Jahre 1991 hat sich in der Region viel verändert. Neue Besitzverhältnisse trugen bereits zur Sanierung mancher Gebäude bei. Andere, offensichtlich eigentümerlos, gehen weiterhin einem ungewissen Schicksal entgegen. Die Fotos für diesen Band entstanden 1990/91. Sie wurden für diese Neuauflage aktualisiert. Für Hinweise und Ergänzungen zu den Bau- und Familiengeschichten sind Autoren und Verlag stets dankbar.

Neubrandenburg
Stäbelow bei Rostock
im April 1994

Dr. Neidhardt Krauß — *Text*
Egon Fischer — *Fotos*

Bad Doberan

Die Reise zu den mecklenburgischen Burgen, Schlössern und Parkanlagen soll unweit der alten Hansestadt Rostock beginnen. Selbstbewußt und manchmal auch eigensinnig, haben die Rostocker Bürger ihre städtischen Privilegien gegen die verschiedenen Landesherren behauptet. So ist es nicht verwunderlich, daß in der Stadt keine landesherrliche Burg oder ein entsprechendes Schloß erhalten blieb. Versuche seitens der Mecklenburger Herzöge hatte es verschiedene gegeben. Ein bemerkenswertes Bauwerk dieser Art gibt es aber in der kleinen Stadt Bad Doberan, zehn Kilometer westlich von Rostock. Doberan ist hinsichtlich seiner Architektur zweifach bedeutend. Zum einen ist es die alte Klosterkirche, die als Rest eines bereits 1186 gegründeten Zisterzienserklosters ein bedeutendes Zeugnis der norddeutschen Backstein-Gotik darstellt. Zum anderen ist Doberan eine der im 18./19. Jahrhundert planmäßig angelegten Siedlungen in Mecklenburg.

Das Dorf Doberan wurde am Ende des 18. Jahrhunderts, während der Regierungszeit des mecklenburgischen Herzogs Friedrich Franz I., zu dessen Erholungsort ausgebaut. Denn nur wenige Kilometer nördlich, am Strand der Ostsee, war ab 1793 mit Heiligendamm das erste deutsche Ostseebad entstanden.

Der klassizistische Charakter der Zeit ist noch heute sowohl im Küstenort Heiligendamm als auch in Doberan, das erst eit 1879 Stadtrecht besitzt, zu finden.

Besonders am zentralen Platz, dem Kamp, stehen sehr schöne klassizistische Gebäude, die aus der Zeit des beginnenden 19. Jahrhunderts stammen.

Es sind Gebäude, die ehemals der herzoglichen Familie, dem Hofstaat und den anderen Badegästen als Wohn-, Kur- und Gesellschaftshäuser dienten.

Die ersten Gebäude entstanden nach Plänen des Baumeisters Johann Christoph Heinrich von Seydewitz (1748–1824), später lieferte auch Carl Theodor Severin (1763–1836) Pläne für weitere Bauten in

Bad Doberan, Großes Palais

Bad Doberan

Bad Doberan,
Saal im Erdgeschoß
des Großen Palais

Doberan und Heiligendamm. Von SEVERIN stammen die Entwürfe für das herzogliche Große Palais, das als Sommerresidenz diente.

Das Große Palais wurde zwischen 1806 und 1810 errichtet. Die lange Bauzeit kam zustande, weil sich Mecklenburg als Mitglied des Rheinbundes im Napoleonischen Krieg befand und die Finanzmittel daher für solche Bauten sehr beschränkt waren.

In der Stadtfassade des Großen Palais finden sich alle Gliederungsprinzipien der klassizistischen Bauweise wieder. Es gibt nur einfache geometrische Grundformen, so das Rechteck, den Halbkreis und das Oval. Die Straßenfront des Palais wird noch heute vom Mittelteil des Gebäudes bestimmt. Hinter vier verputzten ionischen Kolossalsäulen befindet sich der Haupteingang des Hauses. Die relativ kleine Eingangstür ist mit einem Giebeldreieck verziert. Nur die Fenster des Erdgeschosses des auf dieser Seite zweigeschossigen Gebäudes sind mit waagerechten Überdachungen versehen. Von den insgesamt dreizehn Achsen des Palais sind die jeweils äußeren durch veränderte Fensterformen und Putzblenden hervorgehoben. Als flache Seitenrisalite sind die äußeren Fensterachsen leicht hervorgezogen.

Von der Straßenseite aus ist das flache Walmdach des Palais hinter einer niedrigen Attika kaum zu sehen. Interessant ist unter der Attika die Konsolenreihe, die das Dach zu tragen scheint.

Die Rückseite des Palais zeigt dem Besucher noch heute, daß zur Bauzeit die Barockepoche noch nicht lange zurücklag. Hier ist die Fassade durch einen halboval aus der Front hervortretenden Gartensaal besonders geprägt. Sechs ionische Pilaster verzieren den Saalbau zwischen den Fensterachsen. Im Gegensatz zur Straßenseite ist das Palais auf der Parkseite deutlich höher, denn hier ist ein Kellergeschoß mit Fenstern ausgebaut. Außerdem ist vom kleinen Park aus das Walmdach hinter der Attika zu sehen, was den spätbarocken Charakter verstärkt.

Trotz sehr unterschiedlicher Nutzung in der Vergangenheit sind im Innern des Palais mit Vestibül und Saal im Erdgeschoß zwei Räume in fast originalem Zustand erhalten geblieben. Das Vestibül wird bestimmt durch zwei Treppen mit gußeisernen Geländern und vier ionischen Säulen, die das Obergeschoß tragen. Links und rechts vom Vestibül lagen einst die herzoglichen Empfangszimmer. Gegenüber dem Palaiseingang befindet sich der Zugang zum ovalen Saal. Dieser ist insofern bemerkenswert, als in ihm selten gewordene französische Papiertapeten des frühen 19. Jahrhunderts erhalten sind. Sie sind in der damals modernen Grisaille-Technik (Malerei in Grautönen) gefertigt und zeigen in zwölf Bildern die Geschichte von Amor und Psyche. Die Papierbilder sind auf Leinwand aufgezogen, numeriert und in französischer Sprache beschriftet. Gegenüber den fünf Fenstern wurden zwei steingefaßte Kamine mit hohen Spiegeln über den Feuerstellen angeordnet. Die Innengestaltung wird komplettiert durch eine gemalte Saaldecke, die dem Besucher den Blick auf das Innere eines Zeltdaches vortäuscht. Ein riesiger moderner Konferenztisch versperrt den Blick auf einen schönen Intarsienfußboden. Dieser Saal wurde übrigens erst 1822 fertiggestellt. Der darüberliegende Saal war ursprünglich nicht ausgebaut worden, sondern in Zimmer unterteilt. Weiß ausgemalt, diente er bisher als Kino- und Lektionssaal.

Wie schon erwähnt, liegt hinter dem Großen Palais ein kleines Parkgelände mit Rasenflächen, alten Eichen und Eschen.

Unmittelbar neben dem Palais steht ein weiteres klassizistisches Gebäude, das frühere Salonhaus. Jetzt beherbergt der Bau das Landratsamt. Der Saal im dahinterliegenden Anbau ist eine architektonische Augenweide (1819–1821). Gegenüber den beiden Gebäuden, auf dem Kamp, stehen zwei achteckige Pavillons im chinesischen Stil. Im großen «Weißen Salon» ist ein Cafe eingerichtet. Schöne alte Linden, Roteichen und Buchen lassen den Platz zu einer grünen Insel inmitten der recht engen Stadt werden. Wenn von Doberan die Rede ist, muß natürlich erwähnt werden, daß durch diese Stadt eine inzwischen mehr als einhundert Jahre alte Kleinbahnstrecke führt. Hin und wieder müssen sich daher Fahrzeuge, Fußgänger und der qualmende Kleinbahnzug die Straßen der Stadt teilen. Es lohnt sich schon, mit diesem Zug, Molli genannt, nach Heiligendamm oder Kühlungsborn zu fahren. Beide Orte sind gute Ausgangspunkte für

Bad Doberan

Wanderungen an der Küste oder in die Landschaft dahinter, die Kühlung genannt. Es ist eine wellige Landschaft mit fruchtbaren Äckern und reichen Buchenwäldern. Vom Signalberg bei Bastorf mit dem Leuchtturmgehöft hat man einen schönen Blick über die Umgebung. In den Dörfern Hohen Niendorf und Wichmannsdorf laden auch große Schlösser mit Parkanlagen zur Besichtigung ein.

In Richtung Bützow, nahe der südlichen Grenze des Kreises Doberan, steht in Hohen Luckow ein Schloß aus der Epoche des Barocks. Den Mittelpunkt des Dorfes bildet ein großes, weiträumig angelegtes landwirtschaftliches Gut. In der Hauptachse dieser Anlage liegt das nun schon fast 300 Jahre alte Schloß, das zwischen 1707 und 1708 für Christoph von Bassewitz gebaut wurde.

Hohen Luckow gehörte bereits seit 1308 zum Familienbesitz der Familie von Bassewitz. Außerdem waren es die Güter Basse und Duckwitz (Krs. Teterow), die damals den Grundstock für einen später wesentlich erweiterten Familienbesitz bildeten. Im Wappen der Familie von Bassewitz findet man einen auf silbernem Feld springenden Eber mit vorstehenden Beinen. Das ist nicht weiter verwunderlich, ist doch «der Basse» nichts anderes als der weidmännische Begriff für einen alten, starken Keiler.

Auch am Tor zum Gutshof ist das gleiche Wappentier, dort als Plastik, zu finden.

Bad Doberan, Großes Palais, Parkseite

Hohen Luckow

Hinter dem Tor gabelt sich der Zufahrtsweg und führt hufeisenartig um eine weite Rasenfläche herum, an deren unterem, nördlichem Ende sich das Schloß heute in gelben und rotbraunen Farbtönen zeigt.

Noch vor etwa 60 Jahren war das Schloß durch weiße Putzflächen und rotbraune Gesimse und Fensterumrahmungen gekennzeichnet. In gewisser Weise ähnelte damit das Schloß Hohen Luckow, neben seiner blockhaften Bauweise, dem 1680 fertiggestellten Frühbarockschloß von Rossewitz, das, kaum dreißig Kilometer entfernt, südöstlich im Recknitztal liegt. Schloß Hohen Luckow hat in der dem Hof zugewandten Südseite neun Fensterachsen. Drei davon bilden den von einem Giebeldreieck übergipfelten Mittelrisalit. Auch die nach Norden gerichtete Parkseite ist so gegliedert. Breite, farbig hervorgehobene Gesimse zwischen den beiden Etagen und unter der Traufe gliedern das Schloß horizontal. Daneben sind die Fensterumrahmungen der einzige Schmuck des Hauses, wenn man von dem mit Reliefs versehenen Giebeldreieck der Hofseite absieht.

Direkt über dem Südportal ist eine alte barocke Schrifttafel eingelassen, die Auskunft über die Baugeschichte des Schlosses gibt.

Die Parkseite des Bauwerks hat am Ende des 19. Jahrhunderts insofern eine Veränderung erfahren, als daß man damals an die beiden Ecken des Schlosses zwei oktogonale, dreigeschossige Türme anbaute. Diese sind mit barocken Hauben gedeckt. Über dem Schloß selbst steht ein hohes Vollwalmdach.

Unten im Schloß ist ein Keller verborgen, in dem auch heute noch die Küche in Nutzung ist. Zum Teil sind die Kellerfenster noch mit alten eisernen Gittern verziert. Barockschlösser verfügen in der Regel über repräsentative, meist durch Stuck verzierte Räume und Säle. Auch im Schloß Hohen Luckow sind in einigen Räumen Stuckdecken mit Figuren und Ornamenten erhalten. Besonders reich ausgestattet ist der «Rittersaal». Dieser liegt aber nicht, wie zu erwarten wäre, in der Mitte des Schlosses, sondern im Westteil der oberen Etage. Der Saal reicht von der Hof- bis zur Parkseite des Hauses hindurch. Gegenwärtig wird er restauriert. Dabei werden die wahrscheinlich von italienischen Künstlern angefertigten Stuckverzierun-

Hohen Luckow, Detail der Saalwand im Schloß

wehlet und.

gen ausgebessert, bemalt und zum Teil mit Gold belegt. Vielgestaltig und aufwendig sind Kamin, Wandsäulen, Puttenköpfe, Ornamente, Kronen und runde Reliefbilder, die nun in neuem, goldenem Glanz erstrahlen.

Das Gut, damit auch das Schloß, war von 1308 bis 1810 im Besitz der von Bassewitz. Käufer von Hohen Luckow war damals Conrad Philipp von Stenglin (auf Plüschow), der den Besitz für seinen Sohn Otto Heinrich Ehlert von Stenglin erwarb. Dieser behielt es bis 1830. Später kam das Gut in andere Hände. Nach 1945 wurde in den alten, historischen Wirtschaftsanlagen ein Staatsgut eingerichtet, dessen Verwaltung seinen Sitz im Schloß nahm.

Die große Rasenfläche zwischen Gutshoftor und Schloß, die von zweigeschossigen Wirtschaftsgebäuden eingerahmt wird, war einst von Lindenreihen gesäumt. Die alten Linden mußten inzwischen beseitigt werden. An ihrer Stelle wurden 1986/87 junge Linden nachgepflanzt.

Nördlich vom Schloß liegt der etwa vier Hektar große Park, der im 19. Jahrhundert die noch heute erkennbaren Formen eines Landschaftsparks erhielt. Daran ändert auch der mitten im Park angelegte Sportplatz nichts. Unmittelbar am Schloß sind nur wenige Gehölze zu finden, darunter ein alter Taxusbusch. In dem durch einige Wege erschlossenen Park sind in der jüngeren Vergangenheit (um 1987) Neupflanzungen vorgenommen worden, darunter drei kleine Ginkgobäume. Es ist aber auch ein etwa sechs Meter hoher Ginkgo zu finden. Außergewöhnlich ist eine schlitzblättrige Sommerlinde, die in mecklenburgischen Parkanlagen viel seltener anzutreffen ist als beispielsweise der Tulpenbaum oder der Ginkgo. Neben alten Roßkastanien gehören auch Douglasien, eine Kaukasische Flügelnuß, zwei Platanen, Spitzahorn und Hainbuchen, aber auch Silberahorn, Trauer- und Blutbuche neben Buchsbaum, Taxus (Beereneibe) und dem fiederblättrigen Eschenahorn zur dendrologischen Ausstattung der Parks von Hohen Luckow.

Wer von Hohen Luckow weiter nach Süden reist, erreicht recht schnell das Städtchen Bützow. In dieser Stadt kann neben der frühgotischen Stadtpfarrkirche das Renaissanceschloß aus dem 16. Jahrhundert besonders zur Besichtigung empfohlen werden.

Fünfzehn Kilometer nordwestlich von Bützow, in Gnemern, kommen Freunde der Wasserburgen auf ihre Kosten.

Die Reise geht nun weiter ins westliche Mecklenburg. In der Kreisstadt Wismar sollte Station gemacht werden, denn wer sich die historische Altstadt mit Patrizierhäusern, Markt, Rathaus und die stattlichen Backsteinkirchen bzw. deren Ruinen entgehen läßt, hat einen wesentlichen Teil mecklenburgisch-hanseatischer Architektur nicht gesehen. Gleiches gilt für den «Fürstenhof», die Residenz mecklenburgischer Herzöge, ein Bauwerk der Renaissance mit schönem, restauriertem Terrakotta-Schmuck in den Fassaden.

Zirka fünfzehn Kilometer westlich von Wismar, an der Bahnstrecke von Bad Kleinen nach Grevesmühlen, liegt Plüschow. In diesem Ort steht seit gut zweihundertdreißig Jahren ein Barockschloß. Es ist ähnlich wie das Schloß in Hohen Luckow ein blockhaftes Bauwerk ohne Seitenflügel.

Das Plüschower Schloß ist ein zweigeschossiger, unverputzter Backsteinbau von elf Achsen Breite. Die drei mittleren Achsen sind dreigeschossig ausgeführt und werden von einem Giebeldreieck noch oben abgeschlossen. Auf der Hofseite hat darin eine Uhr mit Glocke Platz gefunden. Das Schloß wird von einem gewalmten Mansardendach überdeckt. Der eigentliche Kunstwert dieses im Äußeren recht schlichten Schlosses liegt im Inneren verborgen. Gleich beim Betreten des Schlosses ist zu erkennen, daß im Schloß Plüschow das weite Treppenhaus, wie in vielen anderen Schlössern der Barockzeit, bewußt als architektonisches Gestaltungsmittel verwendet wurde. Die gesamte Mitte des Hauses wird durch das Treppenhaus eingenommen. Eine breite, zweiarmige hölzerne Treppe führt aus der Eingangshalle in die obere Etage. Eingangsraum und Treppenhaus waren als Repräsentationsräume des Schlosses angelegt worden. Dies drückt sich auch in der feinen Stuckornamentik der Decke aus, die mit der Jahreszahl 1763 datiert ist. Gleiches gilt für die geschnitzten Treppenwangen

Hohen Luckow, Schloß von Südosten

Gnemern

Gnemern,
Wasserburg
im Frühling

und das aufwendig gestaltete obere Fenster der Tür, die zur Parkseite des Schlosses führt. Nicht nur das Treppenhaus ist aufwendig und interessant gestaltet, sondern auch die angrenzenden Räume wurden mit Stuckdecken versehen, einige haben hölzerne Täfelungen. Im 19. Jahrhundert wurden in den Räumen auch kunstvoll gestaltete Kachelöfen aufgestellt und im Saal die Wände mit Leinwand- und Papiertapeten verkleidet. Sie zeigten unter anderem auch Stadtansichten von Potsdam und Berlin.

Die Baugeschichte des Schlosses ist insofern interessant, als kein Landadliger der Bauherr war, sondern ein Kaufmann. Philipp Heinrich (II.) von Stenglin (1718–1793), ein Hamburger Kaufmann, war der Bauherr des Schlosses Plüschow gewesen. Unter dem Namen «Peter Carstens» wurde in Hamburg sein Handelshaus geführt, das er von seinem Vater geerbt hatte. 1758 war Ph. H. (II.) von Stenglin dänischer Kammerherr geworden und kaufte im gleichen Jahr acht Güter in Plüschow und Umgebung. Wohl zur selben Zeit ist der Baubeginn des Schlosses anzusetzen. Die Jahreszahl 1763 in der Stuckdecke dürfte die Jahreszahl der Schloßfertigstellung sein. Die Baukosten sollen damals eine Summe von 80 000 Taler betragen haben.

Im Jahr 1759 erhielt er die Reichsfreiherren-Würde. Zu Beginn der sechziger Jahre des 18. Jahrhunderts erlitt seine Firma wegen des Siebenjährigen Krieges erhebliche wirtschaftliche Einbußen. Er selbst zog sich 1764 aus dem Geschäft zurück. Der Besitz Plüschow ging nach seinem Tod an seinen Sohn Conrad Philipp von Stenglin (1749–1835) über. Der verkaufte Gut und Schloß Plüschow bereits 1802 an den damaligen mecklenburgischen Erbprinzen Friedrich Ludwig. Von diesem Zeitpunkt an blieb Plüschow im Besitz der herzoglichen Familie. Darauf weist auch die Kartusche über der Hoftür hin. Im Schriftfeld finden sich heute daher auch die Initialen FF IV., für Großherzog Friedrich Franz IV.

Auch nach der Revolution von 1918 verblieb Schloß Plüschow im Besitz des mecklenburgischen Herzoghauses. Es wurde 1924 durch Entscheidung des Berliner Schiedsgerichtes neben anderen Besitzungen dem Großherzog Friedrich Franz IV. als Entschädigung bzw. Abfindung zugesprochen.

Nach Kriegsende und Bodenreform diente es als Wohnhaus für mehrere Familien. Jetzt beherbergt es auch die Gaststätte des Dorfes. Es ist vorgesehen, im Schloß Plüschow ein Domizil für mecklenburgische Künstler einzurichten (1993 «Künstlerhaus» genannt).

Neben dem Schloß findet man heute keinen Park mehr. Wie alte Abbildungen belegen, lag einst östlich vom Schloß ein Park mit Teich. Dieser Teich wurde abgelassen und der so gewonnene Boden bewirtschaftet. Gleiches geschah mit dem Parkgelände. An seiner Stelle liegen heute Gärten und ein Sportplatz.

Von den Nachbardörfern soll Tressow Erwähnung finden, weil in diesem Dorf ebenfalls ein großes Schloß steht. Es ist im Gegensatz zum Barockschloß Plüschow ein Bauwerk des 19. Jahrhunderts. Tressow war ein Besitz der Grafen von der Schulenburg gewesen. 1903 wurde die Graphikerin Tisa von der Schulenburg im Schloß Tressow geboren. Ihr Bruder Fritz-Dietlof von der Schulenburg (auf Tressow) gehörte ebenso wie ihr Onkel Werner von der Schulenburg zum Verschwörerkreis um den Grafen von Stauffenberg. Beide wurden nach dem fehlgeschlagenen Putsch des 20. Juli 1944 zum Tode verurteilt und hingerichtet.

Nach 1945 lebten Umsiedler und Flüchtlinge im Schloß, bis dann 1955 die ersten behinderten Kinder hierher kamen, die in der dort inzwischen eingerichteten Hilfsschule unterrichtet wurden. Im Laufe der Jahre wurde die Schule im Schloß erweitert, durch neue Gebäude vergrößert und zur Internatsschule ausgebaut.

Im Park des Schlosses sind interessante Baumarten zu finden, von denen hier nur ein stattlicher Mammutbaum *(Sequoiadendron)* und der letzte von ehemals fünfundzwanzig Hikorynußbäumen *(Carya ovata)* genannt werden sollen.

Plüschow,
Schloß,
ehemalige Parkseite

Das Städtchen Klütz ist namensgebend und Mittelpunkt einer reizvollen Landschaft im Nordwesten Mecklenburgs. Der Klützer Winkel ist bekannt als eine landwirtschaftlich genutzte, reiche Gegend hinter der Ostseeküste. Daneben hat sich das alte Fischer- und Bauerndorf Boltenhagen längst zu einem der großen Badeorte an der mecklenburgischen Ostseeküste entwickelt.

Zahlreiche Schlösser und Gutshäuser sind als Zeugnisse vergangener Zeiten im Klützer Winkel erhalten. Dazu gehört auch das wohl größte erhaltene Barockschloß Mecklenburgs, Schloß Bothmer. Es diente unmittelbar nach Kriegsende als Typhuskrankenhaus und ist seit 1948 Alters- und Pflegeheim des Kreises Grevesmühlen.

Ursprünglich befanden sich die Besitzungen um das Dorf Klütz (Stadtrecht erst seit 1938)in der Hand der Familie von Plessen auf Arpshagen. 1722 verkaufte sie ihre Güter an die aus dem Hannoveranischen stammende Familie der Grafen von Bothmer. Auf diese Weise entstand in kurzer Zeit ein Majoratsbesitz von etwa siebentausend Hektar. Mittelpunkt der so gegründeten Grafschaft war das Schloß Bothmer. Dieser beeindruckende Bau wurde zwischen 1726 und 1732 nach Plänen von Johann Friedrich KÜNNECKE errichtet. Schon seit 1711 war Hans Caspar Graf Bothmer Gesandter der Kurfürsten von Hannover am englischen Hof. Es ist daher nicht verwunderlich, wenn Schloß Bothmer in seiner äußeren Gestalt an Blenheim-Palace bei Woodstock/Oxfordshire erinnern soll.

Schloß Bothmer

Schloß Bothmer ist eigentlich ein Schloßkomplex. Mehrere Gebäude, aneinandergebaut, umschließen den nach Südosten offenen Ehrenhof. Das gräfliche Wohnhaus ist in der Mitte der Anlage das Haupthaus. Es ist ein zweigeschossiger Bau mit einem von zwei Gauben und vier Schornsteinen geschmückten Walmdach. Drei der elf Achsen bilden den Mittelrisaliten. Der trägt als Abschluß ein steiles Giebeldreieck mit einer Wappenkartusche und dem Familienwahlspruch «Respice finem».

Das Schloß ist aus unverputztem Backstein gebaut. Durch einen Farbanstrich erscheint das Haus aus der Ferne rötlich. Gelblich sind davon die Ecken der Gebäude und des Mittelrisaliten abgesetzt. Eine zweiarmige Treppe führt zum Haupteingang empor. An der Treppe ist die Jahreszahl MDCCXXVI (1726) zu finden. Im Innern schmücken Stukkaturen und hölzernes Paneel den Festsaal des Schlosses. Dieser reicht hoch bis in den Dachbereich hinein.

Das Hauptgebäude ist über eingeschossige, viertelkreisförmige Galerien mit den beiden rechtwinklig angelegten Seitenflügeln verbunden. Die Seitenflügel selbst bestehen aus je drei quadratischen, zweigeschossigen Pavillons mit Zeltdächern, die ebenfalls durch eingeschossige Galerien miteinander verbunden sind. Die beiden äußeren Eckpavillons tragen auf den Dächern kleine offene Türmchen, die der Besucher schon erkennen kann, wenn er vom ehemals zu Bothmer gehörenden Gut Hofzumfelde auf das Schloß zugeht. Der Zufahrtsweg von Hofzumfelde zum Schloß Bothmer ist wesentlicher Bestandteil der gesamten Schloß- und Parkanlage. Zu beiden Seiten des Weges wurde vor mehr als zweihundert Jahren die wohl bedeutendste Lindenallee Mecklenburgs gepflanzt. Das Besondere der etwa dreihundert Meter langen Allee ist, daß die Linden durch die Hand der Gärtner vor langer Zeit im Kronenbereich gespalten und dann regelmäßig geköpft wurden. Dadurch haben sich die Bäume zu einer fast zweidimensionalen Kandelaberform entwikkelt, was ihnen, von Ferne betrachtet, die Gestalt von Kopfweiden verleiht.

Der barocke Charakter der Gesamtanlage wird durch den Park, der das Schloß umgibt, verstärkt. Im Gegensatz zu vielen Barockparks wurde er im 19. Jahrhundert nicht in einen Landschaftspark umgestaltet. Schloß und Park bilden ein Rechteck, das an allen vier Seiten von Wassergräben umgeben ist. Im Grundriß ist der Park am Schloß Bothmer dem «Großen Garten» der berühmten «Königlichen Gärten Herrenhausen» bei Hannover ähnlich.

Im Ehrenhof vor dem Schloß liegt ein von Rosen gesäumtes Rondell mit einem runden Wasserbecken. Die übrigen Rasenflächen zieren Baumgruppen mit einigen Exemplaren der Kaukasischen Flügelnuß und verschiedenen Koniferen. Der eigentliche Park ist etwa zwölf Hektar groß und erstreckt sich zur Stadt Klütz hin. Von der Parktreppe des Schlosses aus ist die barocke Gestaltung der Anlage unschwer zu erkennen. Auffallend sind hier die zum Teil schon neu gepflanzten vier Lindenalleen. Links und rechts vor der Treppe des Schlosses stehen wie Wächterfiguren zwei schön gewachsene Pyramideneichen. Die Mitte des Parks bildet ein kleiner runder Teich mit einer ebensolchen Insel, die eine Hütte für Wassergeflügel trägt. Durch umfangreiche Pflegearbeiten, die seit 1973 im Park geleistet wurden, konnte der Park seiner ursprünglichen Gestalt nähergebracht werden. Er hatte sich in der Vergangenheit durch Wildanflug und mangelhafte Pflege stark verändert. So war mehr als die Hälfte des runden Teiches mit Asche verfüllt worden! Neben den Lindenalleen stehen im Park des Schlosses Bothmer zahlreiche Einzelbäume. Dazu gehören beispielsweise Grautanne, Stechfichten, auch der aus Nordamerika stammende Tulpenbaum, Edelkastanie, Schwarzkiefer, starke Lärchen und als Rarität eine wintergrüne Eiche *(Quercus turneri «Pseudoturneri»)*.

Besonders schön ist der Park im Frühling, wenn gelbe Winterlinge, einfach und gefüllt blühende Schneeglöckchen, später auch Narzissen, auf den Rasenflächen des Parks ihre Blütenpracht entfalten und zum beschaulichen Verweilen einladen.

Architekturliebhaber finden in der Umgebung des Schlosses Bothmer weitere Sehenswürdigkeiten. Dazu gehört sowohl die zur Gaststätte ausgebaute Windmühle in Klütz als auch ein Niederdeutsches Hallenhaus mit Rohrdach im Boltenhagen, in dem Fritz Reuter ab 1855 mehrmals logierte. Selbst das Schulgebäu-

Schloß Bothmer

Schloß Bothmer
bei Klütz,
Lindenallee
zwischen Hofzumfelde
und dem Schloß

de von Boltenhagen, 1954/55 nach Plänen von H. HARONSKA aus rotem Backstein errichtet, ist mit seinem steinernen Säulenvorbau sehenswert.

Zwei Schlösser des Klützer Winkels müssen noch Erwähnung finden. Eines davon ist das zehn Kilometer westlich von Klütz gelegene Schloß Kalkhorst. Das Gut Kalkhorst kam 1847 in die Hand der Freiherren von Biel, die um 1865 begannen, dort ein großes neogotisches Schloß zu bauen, und dabei einen acht Hektar großen Park anlegen ließen, der heute eine Vielzahl fremdländischer Baumarten enthält. Heute dient das Schloß medizinischen Zwecken. Es beherbergt eine psychiatrische Einrichtung.

Im Nachbardorf Groß Schwansee steht ein blockhaftes Barockschloß, in dem bisher Kinder Lesen und Schreiben lernten. Das durch ein hohes Kellergeschoß dreigeschossig wirkende Schloß wurde um 1745 erbaut, als Groß und Klein Schwansee der Familie von Both gehörte. Ihr Wappen, ein Segelboot mit einer Krone darüber, ist im Giebeldreieck des Mittelrisaliten der Hofseite erhalten geblieben. Der sich an das Schloß anschließende Park ist verwildert. Vor 1989 war er nicht begehbar, begann doch gleich hinter dem Schloß das gesperrte Grenzgebiet.

Von der Kreisstadt Grevesmühlen aus soll es nun zum Schloß Gadebusch gehen. Dazu kann man die Landstraße über Rehna benutzen. Auf dieser Route liegt das Schloß Wedendorf, das lange Jahre als Gewerkschaftschule genutzt wurde. Wählt man die Route über Mühlen Eichsen, lohnt sich ein Abstecher zum klassizistischen Schloß Schönfeld. Eine herrliche Lindenallee führt von Mühlen Eichsen direkt auf das Schloß zu, das 1820 vom Lübecker Baumeister Joseph Christian LILLIE für Johann Jakob von Leers erbaut wurde. Die Hofseite wird von einem schönen Säulenportikus bestimmt. Die zwei alten Rundscheunen von Schönfeld sind leider nicht mehr vorhanden.

Im Nachbardorf Vietlübbe steht die älteste Dorfkirche Mecklenburgs. Sie ist schon Anfang des 13. Jahrhunderts im spätromanischen Stil als Backsteinbau errichtet worden.

Schloß Bothmer bei Klütz, Parkseite

Seit dem 9. November 1989 schieben sich täglich endlose Autokolonnen durch die kleine Stadt Gadebusch. Doch nur wenige Autofahrer machen hier halt. Dabei bietet Gadebusch sehenswerte alte Architektur. Neben der spätromanischen Stadtkirche und dem Rathaus von 1618 ist es vor allem eines der wenigen erhaltenen Renaissanceschlösser Mecklenburgs, das Aufmerksamkeit verdient. Das Schloß ist ein Nachfolgebau für eine schon 1181 erwähnte Burg, in deren Schutz sich später das Dorf Gadebusch entwickelte, das schließlich 1225 Stadtrecht erhielt. Es liegt auf einem Hügel südlich vom heutigen Marktplatz. Von der mittelalterlichen Burg sind kaum noch Reste zu sehen. Rekonstruktionsversuche ergaben, daß sich die Burg auf dem gleichen Plateau befand und durch steile Hänge gesichert war. Neben Wirtschaftsgebäuden stand auf dem Burgberg auch ein freistehender Bergfried, den M. MERIAN noch in der Mitte den 17. Jahrhunderts in der Stadtansicht von Gadebusch gezeichnet hatte. Die eigentlichen Burganlagen befanden sich im Bereich des heutigen Aufganges von der Straße zum Schloß. Dort stand das «alte Haus», ein viergeschossiger massiver Bau mit einer gewölbten Tordurchfahrt und einer darüber befindlichen Burgkapelle. Westlich an den Torhausbau schloß sich ein dreigeschossiges Wohnhaus an. Heute steht an seiner Stelle das Renaissanceschloß. Nur das Mauerwerk des Ostgiebels am heutigen Schloß stammt noch aus der mittelalterlichen Zeit. Alle übrigen Burggebäude sind spätetstens im 19. Jahrhundert beseitigt worden.

Das Renaissanceschloß wurde zwischen 1570 und 1571 für den mecklenburgischen Herzog Christoph, der Bischof von Ratzeburg war, errichtet. Baumeister war Christoph HAUBITZ gewesen. Eine Stuckleiste im Schloß zeigt noch heute die Jahreszahl 1572, die sicherlich das Datum der Fertigstellung der Innenarbeiten bezeichnet. Belegt ist, daß am 23. Oktober 1573 im Schloß Gadebusch die Hochzeit von Herzog Christoph mit der dänischen Prinzessin Dorothea stattfand.

Das Schloß ist dreigeschossig. Der Treppenturm weist vier Etagen auf. Besonders auffällig ist die Fassadengestaltung des Schlosses. Gebrannte Tontafeln (Terrakotta-Platten) mit Bildnissen und Ornamenten

sind zur Gliederung der Fassade verwendet worden. Das rechteckige, dreigeschossige Schloß ist horizontal mit zwei Friesen aus Porträtmedaillons versehen. Vertikal ist das Haus zwischen den Fensterachsen mit Pilastern ausgestattet, die ebenfalls durch Terrakotta-Platten gebildet werden. Auch die drei Portale und der angefügte Treppenturm sind auf diese Weise verziert. Ein kleines Portal, das schon vor 1903 zu einem Fenster umgebaut wurde, liegt an der westlichen Seite des Schlosses. Die beiden Portale des Treppenturms sind im Gegensatz zu den Friesen der Fassade mit Tafeln versehen worden, die szenische Darstellungen zeigen. Über den beiden Türen befinden sich je drei Platten mit Begebenheiten aus der biblischen Geschichte. Es werden «Sündenfall, Kreuzigung und Auferstehung» gezeigt. Jedoch hat nur ein Portal über diesem Fries eine von zwei Ritterfiguren flankierte Lünette. Dieser halbkreisförmige Überbau wiederholt sich am westlichen Giebelabschluß und am Treppenturm des Schlosses. Die Giebel haben erst seit der umfassenden Fassadenrekonstruktion in den Jahren 1903/04 diese Form. Damals wurden fehlende Platten der Friese und Pilaster durch Neuanfertigungen ersetzt. Gleichzeitig sind auch die Giebel wieder in den Originalzustand versetzt worden. Zuletzt waren es schlichte Dreiecksgiebel gewesen. Die Restaurierung erfolgte damals unter Leitung des Baudirektors C. HAMANN.

In seiner äußeren Gestaltung ähnelt das Gadebuscher Schloß einem Flügel des Schweriner Schlosses und dem Fürstenhof in Wismar, die beide etwa fünfzehn Jahre früher gebaut wurden. Wegen der charakteristischen Gestaltung werden diese Häuser auch als Johann-Albrecht-Bauten bezeichnet. Dies bezieht sich auf den zwischen 1547 und 1576 gemeinsam mit seinem Bruder Ulrich III. in Mecklenburg regierenden Herzog Johann Albrecht I. (geb. 1525), der während seiner Regierungszeit Bauherr in Schwerin und Wismar war.

Etwa vierhundert Jahre später erlangte dieser Baustil noch einmal Bedeutung, als in ähnlicher Form ein Schloßflügel in Basedow und das Schloß Wiligrad neu entstanden.

Die in Schwerin und Wismar verwendeten Terra-

Gadebusch, Renaissanceschloß, Hofseite

Gadebusch

Gadebusch,
Schloß,
Detail der Fassaden-
gestaltung
am Treppenturm
mit Terrakottaplatten

kotta-Platten wurden nachweislich in der im 16. Jahrhundert berühmten Werkstatt des Statius von DÜREN in Lübeck gefertigt. Für Gadebusch fehlt bisher der Nachweis, doch darf wegen der allgemeinen Ähnlichkeit und des gleichen Bauzeitraums mit Sicherheit angenommen werden, daß auch diese Platten aus der Lübecker Werkstatt stammen oder aber nach Lübekker Mustern in einer Schweriner Ziegelei angefertigt wurden.

Das Gadebuscher Schloß diente schon ab 1918 verschiedenen Verwaltungen als Dienstsitz. Seit 1952 ist es Schulinternat, und auch ein Kindergarten hat Platz im Schloß gefunden. In Zukunft soll auch das Museum der Stadt im Schloß eingerichtet werden und damit einen würdigen Platz finden.

Nächstes Ziel der Reise zu den mecklenburgischen Schlössern soll Wiligrad sein. Dorthin gelangt man von Gadebusch aus über die B 104 in Richtung Schwerin. Dabei lohnt es sich, in Lützow eine Pause einzulegen und das dortige Schloß zu besichtigen. Es wurde 1876 für die Familie von Bassewitz-Behr gebaut. Das weiße Schloß, welches bisher Schulungseinrichtung der Deutschen Reichsbahn war, liegt inmitten eines Landschaftsparks.

Direkt an der Straße (B 104) liegt dagegen das ehemalige herzogliche Jagdschloß Friedrichsthal. Einst war das Dorf Friedrichsthal eingebettet in wildreiche Wälder westlich der Residenzstadt Schwerin. Heute gehört es mit seinem barocken Fachwerkschloß (Altersheim) schon zum Weichbild der Landeshauptstadt Schwerin. Um 1798 hatte J. Ch. H. von SEYDEWITZ ein von J. G. BARCA errichtetes Wohnhaus zum Jagdschloß umgebaut. Aus dieser Zeit mögen auch die prächtigen Eichen stammen, die vor dem Schloß stehen. Um nach Wiligrad zu gelangen, muß ab Schwerin die B 106 in Richtung Norden benutzt werden. Vom Bahnübergang Lübstorf aus sind es nur wenige Kilometer bis zu dem inmitten großer Waldungen liegenden, bisher kaum bekannten Schloß Wiligrad. Erst die gesellschaftlichen Veränderungen des Jahres 1989 öffneten am Schloß Wiligrad die Tore und hoben den Mantel des Schweigens.

Das Schloß wurde zwischen 1896 und 1898 erbaut. Es erinnert in seiner äußeren Gestalt an die Schloßbauten, die während der Regierungszeit (1547–1576) des Herzogs Johann Albrecht I. von Mecklenburg entstanden waren. Architekt des Schlosses Wiligrad war Albrecht HAUPT aus Hannover, der für Herzog Johann Albrecht (1857–1920) die Pläne für das Schloß am Steilufer des Schweriner Sees entwarf. Der Herzog war zwischen 1897–1901 übrigens Regent des Herzogtums Mecklenburg-Schwerin für den damals noch minderjährigen Großherzog Friedrich Franz IV.

Die seltsame Ortsbenennung «Wiligrad» erfolgte auf Wunsch des Bauherrn. Der slawische Ursprung des Wortes ist unverkennbar. Noch heute kann dieser Name, zusammengesetzt aus -weliki- und -grad-, aus der russischen Sprache mit «Große Stadt bzw. Große Burg» übersetzt werden. So bezeichnet war ehemals die Burg Mecklenburg, die Hauptburg der slawischen Obotriten.

Charakteristikum des Schlosses ist die Gestaltung der Fassaden. Die verputzten Mauern sind an den Gebäudekanten, Fenstern und Türen sowie an den aufwendigen Giebeln mit rotbraunen Terrakottaplatten und -formsteinen versehen. Auf ihnen sind neben Früchten und Ornamenten auch, medaillonartig, Porträts historischer Persönlichkeiten im Relief dargestellt. Jedoch ist nur am Haupthaus der Terrakottaschmuck zu finden. Der westlich angefügte Seitenflügel ist ganz aus rotem Backstein gebaut worden. Nur an dessen Nordseite sind einzelne, beschriftete Porträttafeln aus Terrakotta eingefügt.

Der Hauptbau des Schlosses, der die herzoglichen Wohn-, Arbeits- und Repräsentationsräume enthielt, ist auf die Landschaft am Ufer des Schweriner Sees orientiert. Daher liegt das Eingangsportal auf der Nordseite des Schlosses. Die ehemals vorhandene Unterfahrt fehlt heute. Das zweigeschossige Schloß mit dem ausgebauten Dachgeschoß kann man auch über eine schöne Tür im Treppenturm oder über den Kellereingang des Seitenflügels betreten.

Bis 1945 in herzoglichem Besitz, ist Schloß Wiligrad danach recht unterschiedlich genutzt worden. So er-

folgte im Schloß 1945 die Übergabe des besetzten Gebietes um Schwerin durch den englischen General Montgomery an die Rote Armee. Danach war es mit Umsiedlern und Flüchtlingen belegt. Anschließend wurde das Schloß als Landesparteischule der SED genutzt. Später ist medizinisches Personal für die Polizei darin ausgebildet worden. Anschließend war das Schloß eine Weiterbildungseinrichtung der Bereitschaftspolizei, bis diese nach Neustrelitz verlegt wurde. Ab 1978/79 diente das Schloß dann als Aus- und Weiterbildungsobjekt der Bezirksbehörde der Volkspolizei (BDVP) Schwerin. Die zuletzt genannten Nutzungsarten führten dazu, daß über Schloß Wiligrad kaum Informationen zu haben waren. Selbst in kunstgeschichtlichen Nachschlagewerken (z. B. Dehio, 1980) suchte man daher Schloß Wiligrad vergebens. Auch auf Verkehrskarten aus der DDR-Produktion wird man die Siedlung Wiligrad nicht bezeichnet finden.

Die ständige Nutzung des Schlosses und jährliche Werterhaltungsarbeiten haben jedoch bewirkt, daß heute ein gut saniertes historisches Bauwerk besichtigt werden kann.

Im Haupthaus sind alle Räume des Erdgeschosses im Originalzustand. Dazu gehört der gewölbte Vorsaal. Gleich rechts neben dem Vorsaal liegt das ehemalige Dienerzimmer, zu dem man einige Stufen hinabsteigen muß. Links vom Vorsaal lagen einst die Garderobe und ein Vorzimmer des «Kleinen Kabinetts». Beeindruckend ist die große, durch zwei Etagen reichende Halle des Schlosses mit einem etwa vier Meter hohen Paneel und einer hölzernen Kassettendecke. Die oberen Wände der Halle sind mit zwölf Säulenpaaren aus Stuck verziert. Eine Holztreppe geht an der Nord- und Ostseite der Halle zum Obergeschoß hinauf. Dort führt eine zum Teil hinter Arkaden verborgene Galerie um die Halle herum. Früher lagen in dieser Etage die herzoglichen Wohnräume. Unter der Treppe findet sich, etwas im Dunkeln versteckt, ein Marmorkamin.

Westlich von der Halle liegt der von Kreuzgewölben überspannte ehemalige «Speisesaal». Früher war hier eine halbovale Wandnische eingebaut, hinter der sich die Anrichte befand. An Stelle dieser Büffetnische sind heute einfache Durchreichen angeordnet. Neben dem Speisesaal liegen das ehemalige «Frühstückszimmer» und der «Kleine Salon». Letzterer wurde auch «Japanisches Teezimmer» genannt, weil noch heute in den drei zweiflügligen Türen des Zimmers schöne Holzintarsien mit asiatischen Motiven (Bambus, Lotosblumen, Vögel) eingearbeitet sind.

Der größte Raum des Schlosses ist der «Salon». Er liegt hinter der Halle. Dieser Salon wurde in der jüngeren Vergangenheit als Lektionsraum genutzt. Die dazu eingebauten hölzernen Klappsitze wollen nicht recht zu Stuckdecke und Erker passen. Der Kamin des Salons wurde vermauert, dagegen die Wand zum angrenzenden «Schreibzimmer» des Herzogs entfernt.

Unter dem Treppenpodest in der Halle ist eine kleine Doppeltür verborgen, die in das «Große Kabinett» führt. Ein etwa eineinhalb Meter hohes hölzernes Paneel umgibt das Arbeitszimmer an drei Seiten. Die vierte Seite, am Fenster, ist gemalt. In den oberen Teil der Wandverkleidung sind Buchstaben und Zeichen geschnitzt, ähnlich den Hausmarken auf Hiddensee. Ein großer steinerner Kamin, der braun angestrichen ist, füllt eine Ecke des Kabinetts ganz aus. Wappentafeln verzieren ihn. Beeindruckend ist auch in diesem Raum die hölzerne Kassettendecke. Hohe geschnitzte Türen führen zum benachbarten «Kleinen Kabinett» und zur Bibliothek. Von der Bibliothek sind die originalen, hölzernen, zum Teil verglasten Bücherschränke geblieben, die jedoch ziemlich beschädigt sind.

Im Winkel zwischen Haupthaus und Seitenflügel ragt an der Nordseite des Schlosses der Treppenturm auf, dessen breite, steinerne Wendeltreppe noch heute benutzt werden kann. Im Keller, direkt neben der Basis des Turms, liegt der Brunnen des Schlosses. Von dort wurde früher das Wasser in einen eisernen Behälter gepumpt, der in die 5. Etage des Turms eingebaut ist und von dort das Schloß mit Trink- und Feuerlöschwasser versorgte. Direkt unter diesem Wasserbehälter ist übrigens ein großer Metalltrichter zum Auffangen des Schwitzwassers angebracht. Der Turm hat ein Uhrwerk mit zwei Glocken, jedoch das Werk steht still, die Glocken sind stumm.

Nur von der ersten Etage des Haupthauses aus waren die beiden übereinanderliegenden «Silberkammern» des Schlosses erreichbar. Deren Wände sind mit Wellblech feuerfest verkleidet. Eine eiserne Wendeltreppe führt innerhalb der Räume zur tieferliegenden Kammer herab. Deshalb mußte das darunterliegende Dienerzimmer leicht eingetieft werden. Das Tafelsilber wurde früher in zwei Tresoren der Firma Carl Kästner, Leipzig, aufbewahrt. Heute werden darin banalere Dinge gelagert.

Der Seitenflügel beherbergt im Keller Wirtschaftsräume und die alte, zweigeschossige Küche. Die oberen beiden Etagen wurden früher überwiegend als Fremdenzimmer genutzt, heute liegen dort Schlaf- und Diensträume.

Um den Betrieb des Schlosses zu ermöglichen, ist, zeitgleich mit dem Schloßbau, nördlich davon ein Maschinenhaus errichtet worden, in dem die Heizungs- und Stromerzeugungsanlage untergebracht waren. Das ebenfalls im historischen Stil erbaute Gebäude erfüllt noch heute die gleichen Aufgaben. Allerdings ist der aufwendig gestaltete, hohe alte Schornstein durch einen schlichten neuen ersetzt worden. Die Bediensteten des Schlosses wohnten «im Dorf», d. h. in Gebäuden, die in einiger Entfernung westlich vom Schloß errichtet wurden. Auch diese sind im passenden Stil gebaut und heute noch bewohnt. Westlich vom Schloß liegt das Stallgebäude (Marstall), das man an den beiden Treppengiebeln erkennt. Neben den Boxen für Pferde und der Wagenremise befanden sich in dem Gebäude Wohnräume für das Personal. Ein Flügel des U-förmigen Baus beherbergte auch eine einhundertsiebzig Quadratmeter große Reitbahn.

Während des Schloßbaus wurden auch etwa zweihundertzehn Hektar Buchenwald zu einem Waldpark umgestaltet. Dazu gehörten Waldhütten und Denkmäler, von denen hier nur die in Stein gefaßte Elisabethquelle, Vasen und Säulen genannt werden sollen. In unmittelbarer Nähe des Schlosses sind fremdländische Parkbäume gepflanzt worden. Dazu gehören stattliche Exemplare der Platane, Gurkenmagnolie und Sumpfeiche, aber auch die Orientalische Fichte mit ihren sehr kurzen Nadeln, Tulpenbaum und verschiedene Tannenarten. Blutbuche und Silberlinde fallen wegen ihrer ungewöhnlichen Blattfarbe auf. Vor dem Wohn-

Wiligrad, Schloßportal an der Nordseite

*Wiligrad,
Schloß,
Nordseite*

*Wiligrad,
Schloß,
Ostseite der Halle*

haus Nr. 7/8 stehen drei gut gewachsene, pappelartig aufstrebende Pyramideneichen und ein schöner Ginkgobaum.

In einem Wasserbecken vor der Südseite des Schlosses ist ein spätromanischer Taufstein (Fünte) aufgestellt, der im 19. Jahrhundert im See Döpe bei Hohen Viecheln gefunden wurde. Ein Munitionsbunker mit einem Wachturm ist in der jüngeren Vergangenheit im südlichen, schloßnahen Parkbereich gebaut worden, der jetzt hinter Maschendraht eine Art neues «Denkmal» darstellt.

Nach dem vergleichsweise kleinen Schloß Wiligrad mit seiner kaum einhundertjährigen Geschichte soll das nächste Reiseziel das große Schweriner Schloß sein. Bereits am Ende des ersten Jahrtausends unserer Zeitrechnung lag auf einer Insel zwischen Schweriner See und heutigem Burgsee eine slawische Burg. Sie wurde durch Heinrich den Löwen zerstört, als er, 1160 von Westen kommend, das Land der Obotriten eroberte. Aber, wie so oft in der Geschichte, wurde auf den Mauern der zerstörten Burg neu gebaut. So entstand auf der gleichen Insel nun eine deutsche Burg, die Heinrich der Sachsenherzog, mit Gunzlin I., dem ersten Grafen von Schwerin, besetzte.

Erst 1358 zogen mecklenburgische Fürsten auf der Inselburg ein, nachdem sie die Grafschaft Schwerin gekauft hatten. Von dieser gotischen Burg sind keine Überlieferungen bekannt. Da Natursteine nicht vorhanden und Backsteine teuer waren, wird der überwiegende Teil der Gebäude aus Lehmfachwerk, nur Turm und Zeughaus massiv ausgeführt gewesen sein. Mit dem Beginn des 16. Jahrhunderts setzte auf der Insel eine rege Bautätigkeit ein, von der heute noch das «Bischofshaus» und das «Große Neue Haus», wenn auch in veränderter Form, erhalten sind. Die beiden zwischen 1553 und 1555 errichteten Gebäude bilden heute den Ostflügel des Schweriner Schlosses. Auffallender Fassadenschmuck sind braunrote Terrakottaplatten aus der Werkstatt des Statius von Düren (Lübeck), der zur Bauzeit auch in Schwerin eine Werkstatt unterhielt. Neben diesem charakteristischen alten Fassadenschmuck stellen vor allem gewölbte Keller- und Erdgeschoßräume im «Neuen Haus» markante Zeugnisse der Renaissancebaukunst dar. Zu diesen Räumen gehört auch die Hofdornitz, der alte Waffensaal des Schlosses. Bauherr war Herzog Johann Albrecht I. 1558 wurde die Schloßinsel schließlich auch mit Bastionen und Wällen befestigt. Rechtwinklig an das «Neue Haus» wurde schließlich zwischen 1560 und 1563 durch Johann Baptista Parr die Schloßkirche angefügt. Erst 1855 erhielt die Kirche nach Plänen von Zwirner den von außen sichtbaren neogotischen Chorabschluß. Weitere Umbauten am Schweriner Schloß erfolgten ab 1616. Herzog Adolf Friedrich I. beauftragte den aus Emden stammenden Baumeister Ghert Evert Piloot (gest. 1629) mit dem Neubau des Schlosses. Erhalten gebliebene Zeichnungen lassen ahnen, welch monumentales Schloß entstanden wäre, wenn nicht die Wirrnisse des Dreißigjährigen Krieges die Bauarbeiten schon bald unterbrochen hätten. Von Piloots Plänen wurden deshalb nur der Südostflügel (Küchenflügel) und die Etagen über der Schloßkirche realisiert. Während des 18. Jahrhunderts wurde am Schweriner Schloß fast nicht gebaut. Jedoch entstand während der Barockzeit der ausgedehnte Schloßgarten, der in einmaliger Art und Weise südwestlich von der Schloßinsel angelegt wurde. Die Insel selbst bot nicht genügend Raum für einen repräsentativen Garten, der auch das große Schloß gebührend mit einbezog. Allerdings erstreckt sich heute, auf etwa anderthalb Hektar, rings um das Schloß der Burggarten, der als gestaltete Uferzone der Insel mit zahlreichen Architekturdetails wie Orangerie, Terrasse und Grotte, sowie einigen dendrologischen Besonderheiten seinen eigenen Reiz hat. Der Entwurf für den Burggarten stammte vom Hofgartendirektor Theodor Klett (Mitte 19. Jhd.). Auf dem südwestlichen «Festland» lag schon im 16. Jahrhundert der herzogliche Obstgarten, der später zu einem «Lustgarten» umgestaltet worden war. Dabei wurden auch Kanäle eingefügt, deren Wasser, vom Faulen See kommend, in den Burgsee fließt. Durch den Ingenieurkapitän von Hammerstein wurden diese Wasserläufe 1708 erweitert und schließlich nach Plänen des Architekten Jean Laurent Legeay zwischen 1748 und 1756 zur einzigartigen

Anlage des Kreuzkanals ausgebaut. Dieser Kreuzkanal bildet noch heute die Hauptachse des großen Schloßgartens. Von den aufsteigenden Rasenterrassen am Parkrand hat man den wohl schönsten Blick über den Kreuzkanal auf das beeindruckende, mehrflüglige Schloß. Dabei schweift das Auge des Betrachters über die weiten Rasenflächen des Barockparks mit den Wasserflächen und den am Ufer aufgestellten Sandsteinfiguren (Götter und die vier Jahreszeiten) aus der Werkstatt des Balthasar PERMOSER, die um 1720 in Dresden angefertigt und 1752 in Hamburg für den Schweriner Schloßgarten gekauft wurden. Die Wiesen am Kanal sind bepflanzt mit parallelen Reihen von jungen Lindenbäumen. Nahe an der Brücke zum Schloß, dort wo seit 1883 das Standbild des Großherzogs Friedrich Franz II. von Ludwig BRUNOW steht, umfassen zwei herrlich dichte, von Buchen gebildete Laubengänge den blumengeschmückten Rasen (1862 von Th. KLETT).

Als 1756 der herzogliche Hof seinen Sitz nach Ludwigslust verlegte, wurde es still um Schloß und Park. Erst nach dem Tod des Großherzogs Friedrich Franz I. (1837) wurde Schwerin unter Paul Friedrich wieder Residenzstadt.

Schon 1825 hatte der junge Baumeister Georg Adolph DEMMLER (1804–1886) mit dem Kollegiengebäude in der Schloßstraße begonnen, eine Reihe prachtvoller Bauwerke zu errichten, zu denen später auch Theater, Marstall und Arsenal gehörten. Der Großherzog wohnte aber noch in einem Fachwerkpalais am Alten Garten neben dem neu gebauten Hoftheater. Erst 1842 begann man mit Bauarbeiten für ein neues Schloß, nach DEMMLERS Plänen. Gleich neben dem Theater sollte es entstehen. Kaum ein Jahr wurde gebaut, da ließ Friedrich Franz II. die Arbeiten einstellen, Großherzog Paul Friedrich war inzwischen verstorben. Erst 1877 wurde der begonnene Bau, nun als Museum, am Alten Garten fertiggestellt.

Obwohl 1842 schon am neuen Schloß gebaut wurde, erhielt im gleichen Jahr G. A. DEMMLER den Auftrag, Umbaupläne für das Schloß auf der Insel vorzulegen. Zwei seiner Entwürfe wurden abgelehnt und statt dessen der durch seine Dresdener Bauten berühmte Gottfried SEMPER (1803–1879) um einen Entwurf ge-

Schwerin, Schloß, Südseite mit Hauptturm

beten. Jedoch auch dessen Plan wurde nicht akzeptiert. 1844 setzte sich schließlich doch ein Plan von G. A. DEMMLER durch. Gleichzeitig legte auch der noch junge Hermann WILLEBRAND einen Entwurf vor. Beide, DEMMLER und WILLEBRAND, wurden noch im selben Jahr auf eine Studienreise nach Süddeutschland, Frankreich und England geschickt, um alte Burgen und Schlösser zu studieren. Natürlich besichtigten sie auch die Renaissanceschlösser an der Loire, deren bedeutendstes, Chambord (1519–1533), ihnen schließlich genügend Inspiration für die 1845 akzeptierten Umbaupläne lieferte. Im gleichen Jahr begannen dann umfangreiche Abbruch- und Aufbauarbeiten am Schweriner Schloß, und es entstand bis 1857 ein märchenhaftes, vieltürmiges Neorenaissanceschloß auf der Schloßinsel.

Am Bau waren zeitweilig bis zu siebenhundert Arbeiter tätig, die nach 1851, DEMMLER war aus den großherzoglichen Diensten wegen durchaus politischer Gründe ausgeschieden, von Friedrich August STÜLER (1800–1865) geführt wurden. STÜLER änderte zum Teil auch die DEMMLERschen Pläne, so daß das Schloß heute die künstlerischen Handschriften von DEMMLER, WILLEBRAND und STÜLER trägt, was die architektonische Bauhülle betrifft. Wieviele Künstler und Handwerker an der umfangreichen Innenausstattung beteiligt waren, ist kaum zu ermitteln. Auch die zahlreichen Skulpturen am Schloß sind in dieser Zeit gefertigt worden. Stellvertretend für die Bildhauer und Steinmetzen sei Christian Friedrich GENTSCHOW (1814–1890) genannt, der das Reiterstandbild (Gipsmörtel) des Slawenfürsten Niklot und die Rossebändiger (Zinkguß) auf der Schloßbrücke schuf.

Auch der Schloßgarten war umgestaltet worden. 1840 war Peter Joseph LENNÉ in Schwerin gewesen und hatte anschließend einen Umgestaltungsplan zeichnen lassen, der unter Beibehaltung des barocken Parkteils die Umgestaltung der Landschaft am Ufer des Schweriner Sees und zum Faulen See hin zu einem Landschaftspark vorsah. Dazu gehörte auch der Greenhouse-Garten, wo sich die Sommerwohnung der großherzoglichen Familie befand.

Die Ausführung der Pläne LENNÉS lag in den Händen von Theodor KLETT. Vom sehenswerten Resultat

Schwerin

*Schwerin,
Schloß,
Prunkvase*

*Schwerin,
Schloß,
Thronsaal*

Schwerin,
Schloß von Südosten,
mit Terrakottaplatten
verziertem Giebel
und Hauptturm

der Arbeit beider Gartenkünstler kann sich jeder Besucher noch heute überzeugen.

In gewisser Weise war der Schloßbau in Schwerin auch ein Bau des technischen Fortschritts geworden. Eisenkonstruktionen, moderne Heizungsanlagen, vorgefertigte Bauteile und Dekorationen, bald auch elektrischer Strom hatten Einzug gehalten. Und doch kam es zu einem tragischen Unglück. Mehr als ein Drittel des Schlosses brannte in der Nacht vom 15. zum 16. Dezember 1913 aus. Ein zu spät entdecktes Schwelfeuer im Flügel am Burgsee war der Ausgangspunkt für diese Katastrophe, bei der auch der berühmte Goldene Saal vernichtet wurde. Der bauliche Schaden wurde bald repariert, die Inneneinrichtung jedoch war verloren.

Nach der Revolution von 1918 und der Abdankung von Großherzog Friedrich Franz IV. ging das Schloß in den Besitz des Freistaates Mecklenburg-Schwerin über und wurde Museum. Den letzten der Weltkriege überstand das Schloß unversehrt und wurde in den darauf folgenden Jahren durch Behörden, eine Pädagogische Fachschule, Museen, Galerie und die Schweriner Philharmonie recht unterschiedlich genutzt. Seit 1974 sind einige der restaurierten historischen Räume der Öffentlichkeit zugänglich. Sie lassen ahnen, welche Pracht das ganze Schloß einmal hatte. Zu diesen Räumen gehören Thronsaal, Ahnengalerie, Speisezimmer, Rote Audienz sowie Tee- und Winterzimmer, aber auch die Schloßkirche.

Besonders der Thronsaal besticht durch seine reichhaltige Ausstattung. Dazu gehören sowohl die zahlreichen marmorierten Säulen mit den aufwendigen Kapitellen, als auch die vergoldeten Türen des Saals, die durch Figuren und Ornamente reich verziert sind. Hat sich der Besucher am hölzernen Intarsienfußboden sattgesehen, wo er neben interessanten Ornamenten und vier geflügelten Figuren auch vier der mecklenburgischen «Ochsenköpfe» entdecken kann, bieten sich an der Wand unter dem Thronbaldachin ein siebenfeldriges Mecklenburgisches Landeswappen und der vergoldete Thronsessel zur Betrachtung an.

Auch oberhalb der kannelierten Säulen findet man kunstvolle Details wie z. B. farbige Wappen von mecklenburgischen Städten, Grafschaften und Bistümern. Symbolfiguren, Bogenstellungen, Konsolen, Stuckleisten und Friese vervollständigen die Ausstattung des Saals ebenso wie die farbigen Decken- und Wandgemälde und ein kunstvoll gestalteter Leuchter in der Mitte des Raumes. Die Ahnengalerie besticht durch die Harmonie von kleinfeldrig gestaltetem Fußboden und weiß-goldener Kassettendecke sowie den über einem hellen Holzpaneel zwischen vergoldeten schlanken Säulen angeordneten Gemälden mecklenburgischer Herzöge. Zeigt sich die Ahnengalerie hell und licht, so ist das Speisezimmer ausgesprochen dunkel gehalten. Für die bis zur Decke reichende, mit Schnitzereien verzierte Wandverkleidung wurde sehr dunkles Holz verwendet. Vergoldungen an Säulen, Türen und der Täfelung sowie ein farbiges Band mit Figuren und Ornamenten in der Kehle zwischen Wand und Decke können den feierlichen Rahmen des Raumes nicht brechen. Lediglich die in kräftigen Rottönen ausgemalten Wandnischen bringen einen auffälligen Farbtupfer in den dunklen Raum.

Auch die «Rote Audienz» hat ihren Namen nach der auffälligen Farbe der textilen Wandbespannung erhalten. Ein aufwendig gestalteter Intarsienfußboden, geschnitzte Deckenbalken mit dazwischen liegenden stuckverzierten Deckenfeldern und hohe dunkle Türen vervollständigen die gegenwärtige Ausstattung dieses Zimmers.

Seit 1990 hat der Landtag Mecklenburg-Vorpommerns seinen Sitz im Schloß genommen, nachdem bereits nach 1945 für einige Jahre die damalige Landesregierung im Schloß Unterkunft gefunden hatte.

Vom Schweriner Schloß aus soll die Reise nun westwärts gehen. Über Landstraße oder Autobahn ist Wittenburg gut zu erreichen. Fünf Kilometer nördlich dieser Stadt liegt in Dreilützow ein schlichtes Backsteinschloß. Mit seinen dreigeschossig umgebauten Seitenflügeln scheint das Bauwerk eher eine Schule oder Kaserne zu sein als ein Schloß, das schon um 1730 vom holsteinischen Architekten Heumann für die Familie von Bernstorff erbaut wurde. Heute ist im Schloß ein katholisches Pflegeheim untergebracht. Bemerkenswert ist das dem Schloß vorgela-

Bellin, Schloß, Ostgiebel mit Pyramideneichen

gerte Torhaus und in unmittelbarer Nähe des Schlosses ein solitärer Mammutbaum mit wahrlich stattlichen Ausmaßen.

Fünf Kilometer südlich von Wittenburg liegt das Dorf Lehsen. 1847 versuchte der Eigentümer von Dorf und Gut, ein Herr E. A. von Laffert, eine Wasserheilanstalt nach dem Beispiel von Stuer ins Leben zu rufen. Dieser Unternehmung war kein langes Leben beschieden. Daher ist Lehsen auch eher wegen seines Schlosses bekannt geworden. Es kann als eines der schönsten klassizistischen Schlösser Mecklenburgs bezeichnet werden. Mit neun Achsen Breite gehört es allerdings nicht zu den großen Schlössern des Landes. Die drei mittleren Achsen sind als toskanischer Säulenportikus ausgebildet, der Eingang ist etwas dahinter zurückgesetzt.

Architekt des Schlosses war Joseph Christian LILLIE, der es 1822 für Herrn von Laffert errichtete. Das Baujahr ist in römischen Zahlen gemeinsam mit dem Wahlspruch – Musis et Amicis – über der Tür zu finden. Ebenso wie bei dem von LILLIE gebauten Schloß Schönfeld liegt Schloß Lehsen am Ende eines weiten Wirtschaftshofes. Dieser Gutshof war ursprünglich vom Dorf durch einen Zaun getrennt. Die Torpfeiler waren mit Hirschplastiken verziert. Es waren Zinkgußkopien der RAUCHschen Hirsche vom Tiergartenportal in Neustrelitz. Die Lehsener Hirsche sind während des letzten Krieges eingeschmolzen worden. Das Schloß war nach dem Krieg Kinderheim und wurde ab 1970 als Gemeindeverwaltung und Sitz der LPG bzw. KAP Wittenburg genutzt. Ab 1977 ist das Schloß innen und außen umfassend restauriert worden. Seit der Aufsiedlung des Gutes um 1930 war hinsichtlich der Pflege von Schloß und Park wenig passiert. So mußte die Orangerie deshalb bereits um 1950 abgebrochen werden. Auch das neogotische Mausoleum der Lafferts, das auf einem frühgeschichtlichen Turmhügel errichtet ist, verfiel.

Die Restaurierung des Schlosses und die Instandsetzung der umliegenden Anlagen war das Ergebnis einer Konzeption, die von Architekten im Auftrag der Gemeinde und der landwirtschaftlichen Betriebe erarbeitet wurde. Dazu pflanzte man auch vierundzwanzig Baumhaselbäume um die Rasenfläche vor dem Schloß. Ursprünglich hatten hier Pappeln gestanden. Der sich direkt südlich ans Schloß anschließende Park ist nur vier Hektar groß und enthält neben Rasenflächen mit barocken Plastiken auch einen Teich sowie zahlreiche alte Eichen. Darunter befindet sich mit neun Metern Umfang auch die stärkste Eiche des Kreises Hagenow. An diesen Park schloß sich der früher mit Hirschen besetzte «Wildpark» an, der zehn Hektar Fläche hatte und sich heute als stattlicher Wald präsentiert.

Hochinteressant ist die Tatsache, daß in Lehsen schon zu Beginn des 19. Jahrhunderts eine weithin bekannte Baumschule betrieben wurde. Die Laffertsche Baumschule zog nicht nur eine Vielzahl von Obstgehölzen, sondern auch eine große Anzahl von fremdländischen Baum- und Straucharten, die ausschließlich zur Kultivierung in Orangerien und zur Gestaltung der Schloß- und Gutsparks Verwendung finden konnten. Im Sortiment von 1812 waren beispielsweise enthalten: vier verschiedene Roßkastanienarten, Götterbaum, Erdbeerbaum, neun Birkenarten, verschiedene Orangenarten und -sorten, Blasenstraucharten, zehn Eschenarten, Ginkgobaum, Gleditschie, Libanonzeder und Zirbelkiefer, sowie achtundzwanzig Eichenarten. Interessante lebende Zeugnisse dieser Baumschule können heute noch im Park von Dammereez besichtigt werden, das als Gut auch denen von Laffert gehört hatte.

Obwohl in der mecklenburgischen Landschaft Fachwerkgebäude keineswegs selten sind, gibt es nur wenige Schlösser und Gutshäuser, die in dieser einfachen Bauweise erhalten sind. Man baute besonders im 19. Jahrhundert auch zahlreiche Häuser dieser Art massiv um. In Zühr, sieben Kilometer südlich von Lehsen, steht noch ein großes Gutshaus in Fachwerkbauweise. Es wurde um 1740 für den sächsisch-polnischen Feldmarschall von Zühlen (oder von Züle) gebaut. Breit gelagert mit dreizehn Achsen und zweigeschossig, liegt das Gutshaus unter einem hohen Vollwalmdach. Die Mitte wird durch einen dreiachsigen Mittelrisaliten mit einem flachen Giebeldreieck betont. Über der Tür zeigt ein Wappen drei Eichenblätter an einem Aststück. Es ist das Wap-

Zühr

Zühr, Schloß, Fachwerkfassade der Dorfseite

pen der Familie von Graevenitz, der das Gut Zühr ab 1830 gehörte.

Erstaunlich ist die Stärke der eichenen Balken, die in der Dorffassade des Gutshauses zu sehen sind. Diese Balken messen achtundzwanzig Zentimeter im Quadrat. Auch am Gutshaus Zühr ist die Vergangenheit nicht spurlos vorüber gegangen. Beide Giebelseiten und die Parkseite des Hauses sind im 19. Jahrhundert massiv erneuert worden, so daß nur die Dorfseite noch den ursprünglichen Zustand zeigt. An die Parkseite des Hauses ist eine offene Veranda angefügt. Sie ist beschriftet und datiert mit C. v. G. (raevenitz) 1863. Das Dach ist erst in jüngster Vergangenheit erneuert worden. Jetzt beherbergt das Gutshaus das katholische Altersheim «St. Josef».

Der Park darf nicht unerwähnt bleiben. Gleich neben dem Gutshaus liegt ein Teich, an dessen Ufer zehn stattliche Stieleichen stehen. Dem Teich entspringt ein Graben, der hinter dem Gutshaus entlangführt und früher sich zu einem zweiten, kleineren Teich erweiterte. Am ehemaligen Ufer steht dort eine Sumpfzypresse.

Der genutzte und gepflegte Park wird beherrscht von weiten Rasenflächen, die zum Teil mit Obstbäumen bestanden sind. Eine deutliche Geländestufe gliedert den Park in einen niederen und einen höher gelegenen Bereich. Beachtenswert ist am südwestlichen Parkrand eine etwa zweihundertfünfzig Meter lange, geschnittene Hainbuchenallee, die im Sommer einen grünen Laubengang bildet.

Südöstlich vom Gutshaus ist in den letzten Jahren ein Neubau entstanden. Ganz in seiner Nähe findet sich im Park eine gepflanzte Kuriosität. Innerhalb eines von starken Hainbuchen gebildeten Rondells steht eine große Roßkastanie. Neben dem Gutshaus ist in Zühr noch ein weiteres Fachwerkhaus zu finden. In unmittelbarer Nachbarschaft zum Gutshaus steht das um 1930 erweiterte Schulgebäude. Dessen Fachwerk ist mit roten Backsteinen ausgefacht, einige der Gefache sind ährenförmig zusammengesetzt.

Dammereez

Auf dem Weg nach Dammereez kann man ohne viel Mühe nach Goldenbow abbiegen. Dort steht, leider seit einigen Jahren ungenutzt, ein zu Beginn des Barockzeitalters gebautes großes Schloß. Es wurde unter Kurt von Lützow 1696 errichtet. Die Dorfseite des Backsteinschlosses trägt unter der Traufe den aus metallenen Buchstaben gebildeten Wahlspruch OMNIA AD MAIOREM DEI GLORIAM (Alles zur größten Ehre Gottes).

Auch ein unscheinbares Dorf verbirgt manchmal unerwartete Sehenswürdigkeiten. So auch Dammereez, das etwa vierzig Kilometer westlich von Ludwigslust, an der B 5 liegt. Von der Bahnstation Brahlstorf, an der ältesten mecklenburgischen Bahnlinie Berlin–Hamburg gelegen, sind es nur knapp drei Kilometer bis zum Dorf. Von Zühr bis nach Dammereez sind es zehn Kilometer in südliche Richtung. In Dammereez ist es weniger die alte Dorf- und Gutshofarchitektur, sondern ein außergewöhnlicher Park, der zur Besichtigung einlädt. Die im Park von Dammereez vor allem im 19. Jahrhundert gepflanzten Gehölze sind auch heute noch eine Reise wert.

Das Gut war schon vor 1779 in den Besitz der Familie von Laffert gekommen. Wegen der damals in Lehsen existierenden, der Familie Laffert gehörenden Baumschule kann es nicht verwundern, daß auf dem ehemaligen Laffertschen Gut Dammereez, im Park unterhalb des kleinen Gutshauses, noch heute eine interessante Gehölzsammlung zu finden ist, die in ihrem dendrologischen Spektrum weit über das normale Maß einer ländlichen Parkanlage hinausgeht. Einige der alten Bäume werden aus der Gründungszeit des Parks, zwischen 1800 und 1830, stammen. Der nicht einmal sechs Hektar große Park liegt südlich des schlichten Gutshauses, welches kaum schmückende Elemente aufweist und den Park nach Norden begrenzt. Die Zufahrt zu Schloß und Park erfolgte früher von Norden durch ein Tor, dessen Pfeiler mit liegenden Hirschen (Wappentiere der Lafferts) versehen waren. Ein Vollwalmdach deckt den blockhaften Bau von neun Achsen Breite und drei Achsen Tiefe. An der Dorfseite ist eine schmale Veranda mit Eingangstreppe angesetzt. Die Parkseite hat einen dreiachsigen Mittelrisaliten, dem früher sicherlich eine Parkterrasse vorgelagert war, die jetzt durch ein armseliges schmales Treppchen mehr schlecht als recht ersetzt ist. Der Mittelrisalit hat einen flachen Dreiecksgiebel. An der östlichen Schloßseite war einst ein gläserner Wintergarten angeordnet, durch den auch der Zugang zum Keller möglich war. Das verputzte Schloß ist ein Fachwerkbau mit Lehmausfachung. Innen und auch zum Teil außen ist das Fachwerk mit Brettern verschalt, worüber geputzt bzw. im Innern Leinwand gespannt ist. Darüber konnte dann tapeziert werden. Diese Bauformen lassen als Bauzeitraum etwa die Zeit zwischen 1750 und 1780 vermuten. Die letzte durchgreifende Renovierung fand bereits 1864 statt. Noch heute sind im Schloß Wohnungen und auch die Gemeindeverwaltung untergebracht.

Die zahlreichen ausländischen Gehölze wurden im Verlauf des 19. Jahrhunderts unter einen Bestand einheimischer Baumarten gepflanzt, zu denen einige alte, vielleicht vierhundert Jahre alte Stieleichen gehören. Einige der Parkbäume sind mit ihrem botanischen Artnamen beschriftet und numeriert. Besonders beeindruckend ist gleich an der südöstlichen Schloßecke, neben einigen Bretterschuppen, eine Gruppe von drei stattlichen, dunkelgrün benadelten Mammutbäumen. Einem Baum fehlt die Spitze. Diese soll zu Kriegsende Opfer einer Artilleriegranate geworden sein. Die Mammutbäume fallen auch dem Laien durch ihren mächtigen Umfang an der Basis der Stämme auf. Die Rinde dieser großen Bäume ist sehr weich. In Nordamerika können Bäume dieser Art bis zu einhundert Metern hoch und mehr als tausend Jahre alt werden. Die Mammutbäume von Dammereez sind aber erst etwa einhundertzwanzig bis einhundertdreißig Jahre alt und noch nicht höher als wohl fünfunddreißig Meter. In günstigen Jahren kann man am Boden zahlreiche abgefallene, runde, walnußgroße, verholzte Zapfen finden, die leichte, flugfähige Samen enthalten. Dicht neben diesen Bäumen steht eine Japanische Sicheltanne, deren steife Nadeln wie Sicheln gekrümmt sind.

Vom Schloß her fällt das Gelände als Rasenterrasse zum tiefer liegenden Park ab. Mitten in die Hauptachse dieses Hanges wurde 1985 ein nur eineinhalb Meter großer Ginkgobaum gepflanzt. Unweit dieser Pflan-

Zühr, Schloß, Parkseite mit Veranda von 1863

zung, am unteren Rand des Hanges, hat sich ein großes Gebüsch der Strauchkastanie ausgebreitet. Diese Ausläufer treibende Kastanienart stammt aus dem südlichen Nordamerika. Ihre Blätter sind ganz typisch gefingert und haben rote Stiele, die Blüten sind weiß. Auf der anderen Seite des Hanges liegt ein kleiner Teich. Dort stehen zwei gut gewachsene Sumpfzypressen neben einer alten Magnolie. Einige Wege durchziehen den Park. An ihnen sind im westlichen Teil auch Nordmannstannen und eine etwa sechzig Jahre alte Japanische Schirmtanne zu sehen. Letztere ist in Parkanlagen nur sehr selten zu finden. Die Mitte des Parks wird durch eine Rasenfläche beherrscht, die schon lange Zeit als Fußballplatz dient. Am südlichen Rand dieses Platzes stehen große Gebüsche der Strauchhortensie, aber auch Coloradotannen. Diese stattlichen Nadelbäume sind auch in der Nähe des Friedhofs im südöstlichen Parkteil zu finden. Die dortige Kapelle ist um 1890 errichtet und mit dem Friedhof in den Park einbezogen worden.

Eine stark bedornte Gleditschie (Lederhülsenbaum) mußte 1983 nach Sturmschaden entfernt werden. Tulpenbäume gab es früher mehrere Exemplare. Zwei Gurkenmagnolien, stattliche Bäume mit großen eiförmigen Blättern und grünlich-grauen Blüten, findet man ebenfalls im südöstlichen Bereich des Parks. Von der (Eß-) Edelkastanie steht nur noch ein Exemplar im Park. Die Aufzählung der verschiedenen Baum- und Straucharten ließe sich weiter fortsetzen, wachsen doch insgesamt etwa neunzig Gehölzarten und -sorten im Park. Im östlichen Teil des Parks liegt ein unterkellerter Hügel, der einst als Obstkeller und Lagerraum für Kegelgerät diente, denn unweit davon gab es einmal eine Kegelbahn mit einem kleinen Pavillon.

Nun soll es ein Stück nach Osten gehen. Über die B 5 ist Pritzier schnell erreicht. Auf dem Weg nach Quassel soll hier kurz Station gemacht werden. Es lohnt sich, denn hier steht das dritte Schloß im klassizistischen Stil, dessen Entwurf Joseph Christian LILLIE (1760 bis 1827) zugeschrieben wird. War bei den Schlössern in Schönfeld und Lehsen deren Mitte durch prächtige Säulenvorbauten bestimmt, so sind beim Schloß Pritzier die mittleren drei Achsen von vier Kolossalpilastern eingefaßt. Nach oben wird auch dieser Mittelrisalit von einem Giebeldreieck abgeschlossen. Eine breite Freitreppe führt zum Eingang des zwischen 1820 und 1825 gebauten Schlosses empor. Die verputzten Fassaden sind durch ornamental gestaltete Flächen und Friese unter den Fenstern verziert. An der Parkseite springt als Halboval der im Erdgeschoß liegende Saal aus der Flucht des Hauses hervor. Die Lünetten über den Fenstern dieses Saalbaus sind außen mit Ornamenten geschmückt. In der Hauptachse des Schlosses, das bisher Sitz der Landwirtschaftlichen Produktionsgenossenschaft (LPG) war, liegt, auf der anderen Seite der Dorfstraße, die neogotische Dorfkirche von 1825.

Quassel

Auf der Straße von Pritzier nach Lübtheen sind es nur sechs Kilometer bis nach Quassel. Über die Herkunft dieses merkwürdigen Namens gibt es keine verläßlichen Auskünfte. Fest steht aber, daß in diesem Dorf eines der schönen neogotischen, kleinen Schlösser steht, bei dem man wegen der geringen Größe geneigt ist «Gutshaus» zu sagen. Die Einteilung größerer ländlicher Wohnbauten in Schlösser und Gutshäuser fällt schwer. Definitionsgemäß sind Schlösser repräsentative, landschaftsbestimmende Gebäude. Aber wo ist da die Grenze? Bei Gutshäusern scheint die Begriffsbestimmung einfacher zu sein. Es sind Wohnhäuser, die im Zusammenhang mit landwirtschaftlichen Gütern, und daher in ihrer unmittelbaren Nähe, gebaut wurden.

In Quassel liegen die Wirtschaftsanlagen nördlich und östlich in direkter Nachbarschaft zum Wohnhaus, das aus diesem Grunde wohl Gutshaus genannt werden kann.

Nachdem sich die Architekten während der Zeit des Klassizismus an den antiken Bauten orientierten, richtete sich ihr Blick ab etwa 1830 auf die Architektur des Mittelalters. In zunehmendem Maße wurden damals Kirchen, Schlösser und Gutshäuser, später auch ganze Gutshöfe im gotischen Stil gebaut.

Die Dorfseite des Gutshauses in Quassel zeigt diese Stilrichtung in schöner Form. Die verputzte, gelb und weiß gestrichene Fassade von dreizehn Achsen Breite

Dammereez, Parkblick

Quassel,
Gutshaus,
Dorfseite

fällt durch eine Vielzahl von Spitzbögen bei Fenstern und Fenstereinfassungen auf. Dazu passen auch die schlanken, mit Blei gedeckten Fialtürmchen des polygonalen Mittelrisaliten. Auch der Fries zwischen Obergeschoß und den Fenstern unter der Traufe wird aus Spitzbögen gebildet. Der dreiachsige Mittelrisalit hat einen mit einer Metallbrüstung versehenen Balkon. Hinter den drei großen Fenstern des Obergeschosses verbirgt sich der Saal des Gutshauses. Darunter, im Erdgeschoß, reicht die Halle bis zur Rückseite des Gutshauses hindurch. Von der Inneneinrichtung ist außer einem Kamin in der Halle und einigen Fußböden mit Intarsien nichts erhalten. Die Rückseite des Gutshauses ist viel einfacher gestaltet. Hier hat das Haus zwei kurze Seitenflügel. Nichts erinnert an die schöne neogotische Dorffassade. Unter flachen Asbestplatten ist an dieser Seite Fachwerk verborgen, das mit Ziegeln ausgemauert ist. An der südwestlichen Giebelseite, wo heute ein hölzerner, verglaster einachsiger Anbau mit einer Treppe zum Park angefügt ist, hat in der Vergangenheit ein viel größerer Anbau mit einem Turm gestanden.

Früher war das Gutshaus mit Schiefer gedeckt, jetzt liegen Ziegel auf dem Dach. Unter dem Dach befand sich ehemals auch eine Räucherkammer. Für Feuerwehrleute ist das heute sicherlich ein unvorstellbarer Gedanke.

Als Bauzeit wurde bisher für das Gutshaus die Zeit um 1840 angenommen. Aber im Holz eines Dachbalkens ist das Datum 31. August 1861 eingehauen. Es ist vermutlich das Datum des Richtfestes gewesen.

Zur damaligen Zeit gehörte Quassel der Familie von Paepke, die zu ihrem Namen das Prädikat – Edler – führen durfte.

Seit vielen Jahren dient das Gutshaus nun schon als Landwirtschaftsschule des Kreises Hagenow.

Seit 1987 ist der am Gutshaus liegende Park ein «Geschützter Park». Neben einem Rasenrondell vor dem Gutshaus findet man im Park Stechfichten, große Rotbuchen, Eiben und die einheimischen Stieleichen, aber auch die aus Nordamerika stammenden Roteichen und Robinien. Magnolien und zahlreiche Rhododendronbüsche erfreuen Parkbesucher schon im Frühjahr und zu Beginn des Sommers.

Der Park, in dem das Gutshaus eingebettet ist, wird vom Dorf durch eine Mauer getrennt.

Größere Waldungen in der Umgebung ermöglichten zwischen 1708 und 1718 Henning von Lützow, in

Quassel eine Glashütte zu betreiben, die speziell «zur Melioration des Gutes» und zur Abtragung von Schulden angelegt worden war.

Auf dem Weg von Quassel nach Ludwigslust durchfährt man auf der B 5 auch Redefin. Das dortige Landgestüt zählt ohne Zweifel zu den besonders schönen Architekturensembles in Mecklenburg. Die große, symmetrische Anlage mit den Ställen, Wohn- und Verwaltungsgebäuden sowie der klassizistischen Schaufassade der inzwischen abgebrochenen Reithalle wurde ab 1820 nach Plänen von Carl Heinrich WÜNSCH erbaut.

Wem das nötige Kleingeld für ein eigenes Pferd fehlt, kann hier Reiten lernen und Urlaub auf Gestütspferden machen.

Für Liebhaber von Superlativen sei an dieser Stelle angemerkt, daß in Ludwigslust der größte Schloßpark Mecklenburg-Vorpommerns liegt. Der im 19. Jahrhundert nach Plänen von P. J. LENNÉ umgestaltete Park umfaßt eine Fläche von rund einhundertvierzig Hektar.

Bevor Peter Joseph LENNÉ die Parkumgestaltung vornehmen konnte, hatten bereits verschiedene mecklenburgische Fürsten und Künstler ihre Handschrift in Ludwigslust, der Barockstadt in der Griesen Gegend, hinterlassen.

Alles begann mit der Vergabe des Amtes Grabow (1708) als Apanage für den Prinzen Christian Ludwig II. durch seinen ältesten Bruder, den regierenden Herzog Friedrich Wilhelm. Christian Ludwig II., ein leidenschaftlicher Jäger, hatte ursprünglich seinen Sitz im 1725 abgebrannten Schloß Grabow genommen, was allerdings von den wildreichen Waldungen zu weit entfernt war, um nachts nahe am Jagdplatz übernachten zu können. Bereits 1724 gab es daher Überlegungen beim Hof Klenow (manchmal auch Kleinow genannt), südwestlich von Neustadt, ein Jagdschloß zu errichten. Streitigkeiten mit dem damals regierenden Herzog Karl Leopold, seinem Bruder, brachten es aber mit sich, daß der schon begonnene Bau wieder abgerissen wurde.

Im Mai 1728 wurde Herzog Karl Leopold durch den Reichshofrat in Wien als Landesfürst suspendiert, und die Regierungsgeschäfte wurden seinem Bruder Christian Ludwig II. übertragen. Auf Grund der so gefestigten Position begann er 1731 erneut mit dem Bau eines Jagdschlosses in Klenow. Als Baumeister gewann er den für den Grafen von Bothmer tätigen Johann Friedrich KÜNNECKE. Bis 1735 entstand ein mehrteiliger Schloßkomplex in Fachwerkbauweise, der in seinen Grundzügen der Anlage des Schlosses Bothmer entsprach. Neben einem eingeschossigen, fünfzehn Achsen breiten, fürstlichen Jagdhaus lagen rechtwinklige, ebenfalls eingeschossige Seitenflügel, die, wie am Schloß Bothmer, in quadratischen, zweigeschossigen Eckpavillons endeten. Auch der dreiachsige Mittelrisalit des mit einem Walmdach gedeckten Schlößchens war zweigeschossig ausgeführt. Zäune und kurze Bauten verbanden alle Gebäude harmonisch miteinander. Das Tor zum Schloßhof war von zwei kleineren Wachgebäuden eingerahmt. Der Franzose Jean Laurent LEGEAY veränderte das Jagdschloß 1752/53 durch Anfügen eines Altans und eines Uhrturms.

Die Innenausstattung wurde im Laufe der Jahre auf Grund wechselnder Nutzungsformen oft verändert. So kamen beispielsweise noch 1760 zahlreiche Möbel aus den Schlössern Güstrow und Dargun nach Ludwigslust.

1747 übernahm Christian Ludwig II. nach dem Tod von Karl Leopold die Regierungsgeschäfte des Herzogtums regulär. Unter seiner Herrschaft wurde Klenow im Jahr 1754 in Ludwigslust umbenannt, heute von den Einwohnern kurz und respektlos «Lulu» genannt.

Nachdem Herzog Christian Ludwig II. 1756 verstorben war, nahm sein Nachfolger, Herzog Friedrich (der Fromme), auf Dauer seinen Sitz in Ludwigslust. Der herzogliche Hof zog von Schwerin für fast achtzig Jahre in die Griese Gegend. Aus diesem Grund begann ab 1758, unter der Leitung des Hofbaumeisters Johann Joachim BUSCH (1720–1802), der Aufbau einer neuen Residenzstadt. Noch heute können zahlreiche Backsteinbauten aus dieser Zeit in der Schloßstraße besichtigt werden. Die ersten Wohnhäuser entstanden aber am Bassin- und Kirchplatz in Fachwerkbauweise, vis-à-vis dem herzoglichen Jagdschloß.

In Verlängerung der Mittelachse des Schlosses war nach Plänen von J. J. BUSCH zwischen 1765 und 1770 auch eine noch heute sehenswerte, frühklassizistische Schloßkirche entstanden, vor deren Portal eine gewaltige Säulenreihe gestellt ist. Auch im Innern der Kirche dominieren hohe Säulen, hinzu kommt eine hölzerne, kassettierte Tonnendecke und ein etwa dreihundertfünfzig Quadratmeter großes illusionistisches Altargemälde.

Für die herzogliche Hofhaltung war Christian Ludwigs Jagdschloß bald zu klein, und so wurde 1722 mit dem Bau eines neuen Schlosses unmittelbar nördlich hinter dem Jagdschloß begonnen. Architekt war, wie bei den Stadtbauten und der Schloßkirche, Johann Joachim BUSCH. Das neue Schloß wurde als dreieinhalbgeschossiger Ziegelbau errichtet, der ganz mit sächsischem Sandstein verkleidet wurde. Nach Süden, zum Schloßplatz hin, zeigt die Fassade siebzehn Achsen, von denen die drei mittleren den stark erhöhten Mittelrisaliten bilden, vor dem eine Säulenunterfahrt mit Altan steht. Eine Attika, die mit vierzig Figuren und sechzehn Vasen des Hofbildhauers Rudolf KAPLUNGER (1746–1795) verziert ist, verbirgt das flache Dach und verleiht dem Schloß, neben den Kolossalpilastern der Fassaden, einen klassizistischen Charakter. Zum Park hin ragen Mittel- und auch die beiden Seitenrisalite stark hervor, so daß der Grundriß des Schlosses die Form des Buchstaben E aufweist.

Die Bauarbeiten waren 1776 abgeschlossen. Jedoch zogen sich die Innenausstattungsarbeiten noch weit bis in die achtziger Jahre hin, als das Schloß schon längst bewohnt war. Aus dieser Zeit sind Räume erhalten geblieben. Zu den historischen Räumen gehören neben der Vorhalle im Erdgeschoß die Treppenhäuser. In der Vorhalle fallen besonders zehn runde, glatte Säulen auf, die neben Pilastern die Wände des Eingangsbereiches des Schlosses schmücken. Große verglaste Flügeltüren, die nach oben einen Lünettenabschluß haben, bilden die Verbindung zu den Treppenhäusern und den Räumen des Erdgeschosses. Die breiten Treppen haben eiserne Geländer mit feinen, verschlungenen Mustern. Kleine Räume unter den

Ludwigslust, Schloß vom Bassinplatz aus

Treppen erhalten Licht durch senkrecht stehende, ovale Fenster, sogenannte Ochsenaugen. Die ehemaligen Wohnräume, zum Teil erst nach 1822 im Biedermeierstil eingerichtet, und die Räume um den Goldenen Saal sind besondere Anziehungspunkte für Besucher des Schlosses. Sie zeigen in kaum zu erfassender Dichte sowohl zahlreiche Elemente der Innenarchitektur wie Wandsäulen, Supraporten, Seidentapeten, Spiegel und Kamine, Parkettfußböden und Bilder, aber auch eine Fülle historischer Möbel, die zum Teil original aus der Zeit des Schloßbaus stammen. Von überwältigender Schönheit ist der Goldene Saal in der ersten Etage. Der Saal liegt in der Mitte des Schlosses und hat seine drei Fensterfronten zum Park hin. Er reicht wie so viele der großen Festsäle durch zwei Geschosse. Die Wände sind durch korinthische Kolossalpilaster zwischen den Fenstern gegliedert. Vor diesen Pilastern stehen zwölf freie, hölzerne, ebenfalls korinthische Säulen, die bis zum Gebälk unter der verzierten Decke aufragen. Zwischen der Wand und diesen Säulen verläuft eine schmale, umlaufende Galerie in Höhe der 3. Etage des Schlosses. Ein aufwendig gestalteter Intarsienfußboden und fünf gläserne Lüster komplettieren die Einrichtung des Goldenen Saals. Wegen der Ausstattung und der reichlichen Vergoldung der einzelnen Dekorationselemente trägt der Saal zu Recht seinen Namen, wenngleich auch viele der Dekorationen keineswegs aus edlem Material, sondern aus schlichtem Pappmaché gefertigt sind. Schon seit 1764/65 war in Ludwigslust Pappmaché zu Dekorationszwecken im Park, auch zur Einrichtung der Schloßkirche und dann vor allem für die Ausstattung des Schlosses verwendet worden. Unter der Leitung von Johann Georg Bachmann entstanden damals auch nach Originalarbeiten bedeutender Bildhauer Pappmaché-Kopien. Vor allem waren es aber Architekturdetails wie Vasen, Postamente, Tapetenleisten, Konsolen, Fruchtgirlanden und antike Büsten.

Aus Kostengründen wurden keine Seitenflügel zum neuen Schloß errichtet. Daher ließ man die Fachwerkseitenflügel des alten Jagdschlosses stehen. Sie enthielten Wirtschaftsräume und die Küche. Erst 1846 und 1848 trug man diese Bauwerke ab. Das eigentliche Jagdschloß war schon 1777 beseitigt worden, so daß die Gestaltung des großen, noch heute mit Kopfsteinen gepflasterten Schloßplatzes möglich wurde. Zu dieser Gestaltung gehört die große Kaskade (1775) mit den von Kaplunger 1780 gefertigten Skulpturen und Vasen. Überhaupt spielt Wasser im Ensemble von Schloß und Park Ludwigslust eine große Rolle. Schon zu Zeiten des Herzogs Christian Ludwig war um 1741 ein Park angelegt worden, in den Teiche und Kanäle einbezogen wurden. Der Entwurf für diese Parkgestaltung stammte vom Schloßgärtner Gallas. Zwischen 1751 und 1753 wurden nach Plänen von J. L. Legeay Kaskaden und Springbrunnen geschaffen. Das Wasser dazu wurde aus der Lewitz, einem nordöstlich von Ludwigslust liegenden Moorgebiet, herangeführt. Dieser Ludwigsluster Kanal hat eine Länge von achtundzwanzig Kilometern und verbindet noch heute den Störkanal mit der Rögnitz.

Auch während der Regierungszeit von Herzog Friedrich Franz I., dem Neffen des 1785 verstorbenen Herzogs Friedrich, wurde am Park gearbeitet. Dazu gehörte die Errichtung verschiedener Bau- und Kunstwerke, wie beispielsweise eine aus Raseneisenstein erbaute künstliche Ruine (Grotte, 1788 von Busch) im sogenannten Englischen Garten nördlich vom Schloß, das Schweizerhaus von 1789 und das von Kaplunger nach 1785 geschaffene Denkmal für Herzog Friedrich. Ein Mausoleum für Helene Paulowna (1804–1806 von Lillie bzw. Rammee) und das Mausoleum für Herzogin Luise (1809 von Barca) sowie die westlich vom Schloß auf einer Insel gelegene Katholische Kirche vervollständigen das Bild. Diese Katholische Kirche (1803–1809) ist der erste im neogotischen Stil erbaute Sakralbau Mecklenburgs. Die Entwürfe stammten von J. Chr. H. von Seydewitz. Der daneben stehende Glockenturm wurde erst zwischen 1808 und 1817 nach Plänen von Johann Georg Barca (1781–1826) errichtet.

Nach diesen Bauten kam es zur Ruhe um Schloß und Park, lediglich in der Stadt wurde unter der Leitung Barcas weiter gebaut. Schließlich verlegte der Großherzog 1837 seine Residenz wieder nach Schwerin, die hohe Zeit in Ludwigslust war vorbei.

Aber in der Mitte des 19. Jahrhunderts wurde der Park noch einmal tiefgreifend verändert. Zwischen

Ludwigslust, Schloß, Vorderansicht

1852 und 1860 ist nach Plänen von Peter Joseph LENNÉ der Barockpark in einen wunderschönen Landschaftspark umgestaltet worden. Dabei blieben jedoch die alten barocken Alleen und Kanäle erhalten, so wie es LENNÉ auch in den Parks von Schwerin, Remplin und Neustrelitz gehalten hat. Aus diesem Grund kann man heute im Ludwigsluster Park über viele geschwungene Wege durch weite Wiesenflächen gehen, dabei stattliche Baum- und Gebüschgruppen in Augenschein nehmen und die Parkarchitekturen des 18. und 19. Jahrhunderts entdecken. Man kann aber auch durch die lange Lindenallee nördlich vom Schloß spazieren, die mit zwei Pyramideneichen beginnt. Es ist auch möglich, über den Johannisdamm, der links und rechts kleine Kanäle hat, unter schönen Buchen bis zu den im Westteil des Parks befindlichen großen Wiesenpartien zu gelangen. Ein langer, gerader Weg führt von der Steinernen Brücke (1760) am Großen oder Ludwigsluster Kanal entlang, vorbei an kleinen Wasserfällen und Bassins bis zum Großen Stern, von dem vierzehn Wege ausgehen.

Dem dendrologisch interessierten Besucher bieten sich an ausgewählten Standorten eine Vielzahl von Baum- und Straucharten, genannt seien nur Sumpfzypresse, Flügelnuß, Tulpenbaum, Hemlockstanne, Blutbuche und stattliche Stieleichen. In der jüngeren Vergangenheit sind im Park auch zwei Urwaldmammutbäume *(Metasequoia)* gepflanzt worden.

Das große Schloß war nach der Revolution von 1918 der großherzoglichen Familie als Wohnsitz zugesprochen worden, was es auch bis 1945 blieb. Danach zogen verschiedene Kreisdienststellen und -behörden ins Schloß ein.

Jeder Besucher von Ludwigslust sollte sich ausreichend Zeit nehmen, denn nicht nur die historischen Räume im Schloß sollten besichtigt werden. Auch die Stadt verbirgt so manche architektonische Kostbarkeit, und der Park ist nicht in einer Stunde durchmessen.

Ludwigslust, Steinerne Brücke von 1760 über den Kanal im Schloßpark

Neustadt-Glewe, Burg, Ringmauer und Turm

Friedrichs-moor

*Friedrichsmoor,
Jagdschloß,
Hofseite
mit geschnittenen
Taxusbüschen*

Friedrichs-moor

Obwohl längst nicht so prächtig wie Potsdam Sanssouci, so ist Ludwigslust ebenfalls eine hervorragende, komplexe Schöpfung der Architekten, Baumeister, Künstler und Handwerker am Übergang vom Barock zur klassizistischen Epoche.

Nordöstlich von Ludwigslust, auf halber Strecke nach Schwerin, liegt ein etwa einhundertfünfzig Quadratkilometer großes Feuchtgebiet, die Lewitz. Bevor man dieses Gebiet erreicht, muß man Neustadt-Glewe passieren. Hier, am Ufer der Elde, laden sowohl eine mittelalterliche Burg als auch ein frühbarockes Schloß zur Besichtigung ein. An letzterem wurde wegen des Dreißigjährigen Krieges und anderer Hemmnisse fast einhundert Jahre lang gebaut, bis Einzug gefeiert werden konnte.

An der wildreichen Lewitz liegt Friedrichsmoor, eines der zahlreichen herzoglichen Jagdschlösser. Während der Regierungszeit von Herzog Friedrich erfolgte der Bau des heute noch vorhandenen Jagdschlosses. Als Bauzeit wird widersprüchlich 1761 bzw. 1780 angegeben. Das Jagdschloß Friedrichsmoor ist ein schlichter, eingeschossiger Fachwerkbau auf einem Feldsteinsockel.

Im Jagdschloß Friedrichsmoor verbirgt sich eine besondere Kostbarkeit. In dieses abgelegene Schloß wurde 1964/65 die berühmte Bildtapete «Die Jagd von Compiègne» gebracht, die bis dahin im Jagdschloß Friedrichsthal angebracht war. Die Tapete mit den rotberockten, berittenen Jägern wurde schon vor 1815 in Paris nach Entwürfen von Charles Vernet gedruckt.

Die nächsten Reiseziele liegen nun weiter nördlich im Mecklenburger Binnenland. Daher geht es über die

Friedrichsmoor, Jagdschloß, Parkseite

Kaarz, Schloß, Fassadendetail

Dörfer Raduhn, Tramm sowie durch das Städtchen Crivitz in Richtung Brüel und Sternberg.

Etwa zehn Kilometer nördlich von Crivitz liegt, eingebettet in große Waldungen, das Dorf Basthorst. Zum Dorf gehört auch ein aus unverputzten Backsteinen um 1910 erbautes, neobarockes Gutshaus mit Dachreiter. Gutshaus und Park sind vom Dorf durch einen Zaun getrennt. Die Torpfosten des Zauns tragen verkleinerte Nachbildungen der «Rossebändiger», Skulpturen von der Schweriner Schloßbrücke.

Nur fünf Kilometer nördlich von Basthorst, in Wendorf, kann ein großer Gutshof besichtigt werden. Dieser gehört zu den wenigen landwirtschaftlichen Gütern Mecklenburgs, die im 20. Jahrhundert gänzlich neu errichtet wurden. Gebaut wurde damals neben Wirtschaftsgebäuden und Landarbeiterhäusern auch ein herrschaftliches, neobarockes Wohnhaus, das auf Grund seiner Größe und dreier Türme wegen berechtigt Schloß genannt wird.

1907 war das Rittergut nach einer Bauzeit von mehreren Jahren fertiggestellt worden.

Den Park um das Schloß, in dem seit vielen Jahren ein Kinderheim untergebracht ist, hat der Gartenarchitekt HOEMANN aus Düsseldorf entworfen und ausgeführt.

Die gesamte bauliche Anlage wurde federführend durch Paul KORFF, vom «Landbaubüro Laage», für einen Oberstleutnant von Mackensen entworfen. Paul KORFF (1875–1945), ein Schüler des Architekten Gotthilf Ludwig MÖCKEL, hatte zuerst in Rostock, ab 1901 dann in Laage (Kr. Güstrow) ein eigenes Architektenbüro betrieben. Die Tätigkeit des «Landbaubüros Laage» war längst nicht nur auf Mecklenburg und Vorpommern beschränkt gewesen. Jedoch hat Paul KORFF auch prächtige Schloßbauten in Mecklenburg entworfen, die heute noch besichtigt werden können. Zwei davon werden im vorliegenden Band ausführlich vorgestellt und erläutert.

Nur wenige Kilometer nordöstlich von Wendorf liegt das Schloß Kaarz. Lange Zeit wurde es als Altersheim genutzt und steht nun leer, obwohl es noch nicht einmal einhundertzwanzig Jahre alt ist. Der Bau erfolgte 1873 für die Familie Hünicken nach Plänen der Architekten SANITER und BECKER (Berlin). Die Hünickens hatten das viertausend Morgen große Gut erst 1872 erworben. Vorher gehörte es zum Besitz der Familie von Bülow. Parallel zum Schloßbau ist 1873 auch der Park durch C. ANSORGE aus Klein-Flottbeck bei Hamburg angelegt worden.

Das Schloß hat zwei Gesichter. Zeigt sich die Hofseite mit einem Säulenvorbau symmetrisch, so ist die Parkseite ausgesprochen unregelmäßig angelegt. Hier bestimmen ein quadratischer Turm an der nordöstlichen Ecke, eine Terrasse und ein dreigeschossiger Risalit die Fassade des sonst zweigeschossigen Schlosses.

Beim Eckturm ist die dritte und vierte Etage luftig offengelassen worden. Sein Kuppeldach wird von zahlreichen Säulen getragen. Das Mansardendach des

Schlosses ist mit Schiefer gedeckt. Große dreiteilige Fenster heben die Seitenrisalite der Hofseite besonders hervor. Kunstvoll gefertigte Säulen und Pfeiler mit schönen Kapitellen tragen die dreieckigen Fensterüberdachungen. Unter den Fenstern sind Schmuckfelder mit Darstellungen von Fabelwesen angebracht. Nur der Mittelrisalit, vor dem die von Säulen getragene Unterfahrt steht, hat als Abschluß einen Segmentbogen. Alle übrigen Risalite tragen Dreiecksgiebel. Der etwa acht Hektar große Park hat ein bewegtes Geländerelief. Von Anfang an wurde viel Wert auf die Ausstattung des Parks mit fremdländischen Gehölzen gelegt. Noch heute sind von den einst gepflanzten Bäumen schöne Exemplare zu finden. Gleich am Eingang zum Schloßbereich stehen Hemlockstannen. Eine schöne Winterlindenallee führt dann zum Schloß hin. An der Ostgiebelseite des Schlosses wächst, freistehend und deshalb herrlich ausgebildet, ein Mammutbaum *(Sequoiadendron)*. Unmittelbar nördlich am Schloß fällt eine ehemalige Rasenterrasse zum tiefer liegenden Parkbereich ab. Dieser Hang wurde bislang als Gemüsegarten genutzt. In dem stellenweise sehr verwilderten Park sind auch noch andere Baumarten zu entdecken. Dazu gehören zwei Tulpenbäume, am Teich eine Roteiche, riesige Douglasien und zwei stattliche Stieleichen, von denen eine als Naturdenkmal besonders geschützt wurde. In der Nähe des Springbrunnens steht eine Blutbuche mit hängenden Ästen. Ein Kranz von Douglasien und Lawsons Scheinzypressen wurde einst um den Springbrunnen gepflanzt. Von letzterer Art sind noch neun schön gewachsene Exemplare vorhanden.

Ein halbkreisförmiger, von Winterlinden gesäumter Weg führt, leicht aufsteigend, vom Springbrunnen zu einer kleinen achteckigen Backsteinkapelle. Über der Metalltür des kleinen Bauwerks ist das Wappen der Familie von Bülow eingelassen. Die zu einem Dreieck zusammengefügten vierzehn Kugeln sehen wie eine stilisierte Weintraube aus. Gleich neben der Kapelle liegt die Grabstelle des Wilhelm von Bülow (1816–1889).

Die nordöstliche Grenze des Parks wird durch einen Weg gebildet, der von Roßkastanien und einer Winterlindenallee gesäumt ist.

Auf einer Anhöhe, am Dorfrand nach Weitendorf zu, steht ein tempelartig ausgeführtes Mausoleum, wo ebenfalls zahlreiche interessante Baumarten, darunter Orientalische Fichten, gepflanzt wurden.

Kaarz, Schloß, Hofseite

Kaarz,
Zufahrt zum Schloß
mit Mammutbaum

Hasenwinkel

Noch etwas nördlicher, vier Kilometer westlich von Warin, das über die B 192 zu erreichen ist, liegt die kleine Ortschaft Hasenwinkel. Hier am Bibowsee, wo sich «Fuchs und Hase Gute Nacht» sagen, wurde zwischen 1908 und 1912 für den russischstämmigen Gutsbesitzer Wladimir Schmitz an Stelle eines älteren Wohnhauses ein neobarockes Schloß errichtet. Die Entwürfe dazu stammten aus dem «Landbaubüro Laage», dem Paul Korff vorstand.

Der Schloß- und Parkbereich ist durch einen schönen eisernen Zaun vom kleinen Dorf abgetrennt. Die steinernen Zaunspfeiler sind mit Vasen und Reliefs verziert. Zwei große Tore an den beiden Enden des Zauns bildeten die Zugänge zu Schloß und Park. Hinter dem Zaun nimmt der Besucher zuerst eine ausgedehnte, gepflegte Rasenfläche mit einem rechteckigen Wasserbecken wahr, die an den Seiten von hohen Taxusbüschen begrenzt wird. Diese Parkanlage wurde durch den Schloßobergärtner Willy Kuhn (1880 bis 1973), der von 1910 bis 1922 in Hasenwinkel tätig war, angelegt.

Weit im Hintergrund liegt, quer dazu, das zweigeschossige Schloß, das im Sommer durch alte Winterlinden fast völlig verdeckt wird. Es ist dreizehn Achsen breit und fünf Achsen tief. Das erste Geschoß mit den großen Fenstern beherbergte die Aufenthaltsräume und den Saal. Die kleineren Fenster des zweiten Geschosses weisen auf seine Funktion als «Schlafgeschoß» hin. Hinter den Gauben des gebrochenen Daches waren ursprünglich Fremdenzimmer eingerichtet gewesen. Die Mitte dieser harmonischen Südfassade wird durch einen dreiachsigen, zweieinhalbgeschossigen, mit einem schmalen Balkon verzierten Mittelrisaliten geprägt. Ein Segmentbogen schließt ihn nach oben ab.

Im Gegensatz zur Harmonie der Südseite wird die Nordseite durch die klobigen Anbauten des Eingangsbereichs und der Unterfahrt bestimmt. Hier sind im Dach des Schlosses neben einer Reihe Gauben auch Mansardenfenster eingebaut.

An dieser Schloßseite ist gut zu erkennen, daß das Schloß über ein ausgebautes Kellergeschoß verfügt, in das auch der repräsentativ gestaltete Haupteingang integriert wurde. Daneben finden heute im Keller auch Post, Verkaufsstelle und die Küche des Hauses ausreichend Platz.

Das zum Denkmal erklärte Schloß war nach dem Krieg unter anderem Verwaltungsschule für den Bezirk Schwerin und bis 1990 Betriebsakademie des Rates des Bezirkes Schwerin.

Die ständige Nutzung hat gesichert, daß sich Schloß Hasenwinkel in einem akzeptablen Zustand befindet, wenn auch der Putz des Hauses erneuerungsbedürftig ist.

Zur Versorgung des Schlosses mit Wärme und elektrischem Strom ist nordwestlich vom Schloß das Wirtschaftsgebäude mit den zwei großen Gauben im Krüppelwalmdach gebaut worden. Es wurde früher ehrfurchtsvoll die «Zentrale» genannt. Zumal in diesem Haus auch der Förster und Jagdaufseher sowie der Inspektor des Gutes wohnten. Die anderen Wirtschaftsgebäude sind auch vom «Landbaubüro Laage» entworfen worden. Sie entstanden schon vor dem Schloßbau noch für die vorherigen Besitzer des Gutes, die von Alers.

Schon seit 1952 ist der Park am Schloß Hasenwinkel geschützt. Nach einer Vermessung im Jahr 1971 beträgt seine Fläche heute noch rund dreizehn Hektar. Zur Zeit des Wladimir Schmitz war der Park einhundert Morgen (ca. zwanzigeinhalb Hektar) groß gewesen. Der größte Teil des Parks liegt östlich vom Schloß. Ein Wegenetz durchzieht das Gelände, so daß ohne viel Mühe zahlreiche einheimische und «importierte» Gehölze betrachtet werden können. Einige Bäume sind auch mit ihrem botanischen Namen beschriftet. Nahe dem Schloß sind Magnolien und zahlreiche Rhododendron-, Taxus- und Buchsbaumbüsche zu sehen. Im weiter östlich liegenden Parkteil fallen besonders viele alte Schwarzkiefern mit ihren bis zu zwölf Zentimeter langen Nadeln auf. Stattliche Roteichen, die vor allem im Herbst ihrem Namen alle Ehre machen, wenn die Laubfärbung eingesetzt hat, sind im Park ebenso zu finden wie Feld-, Spitz- und Bergahorn. Eschen- und Silberahorn fallen durch ihre Fiederblätter bzw. silbernen Blattunterseiten besonders auf. Auch Lärchen- und Robiniengruppen gehören zum Baumbestand des Parks.

Hasenwinkel

Hasenwinkel, Schloß von Süden

*Hasenwinkel,
Zaun
vor dem Schloß- und
Parkbereich*

Von Warin aus führt die B 192 über Brüel, Sternberg und Goldberg nach Südosten. Nach fast fünfzig Kilometern Fahrt erreicht man Karow. Dort wurde zur gleichen Zeit wie in Hasenwinkel ein Neobarockschloß gebaut.

Neben einem großen Gut mit Ställen, Scheunen, Speichern und einer Mühle aus dem ersten Viertel des 20. Jahrhunderts stehen in einiger Entfernung dazu zwei herrschaftliche Wohnhäuser.

Karow ist neben Peckatel (Kr. Neustrelitz) das einzige Dorf Mecklenburgs, in dem zwei Schlösser aus unterschiedlichen Bauepochen unmittelbar nebeneinander liegen. Das ältere Schloß ist ein klassizistisches Bauwerk, dessen genaue Baudaten nicht bekannt sind. Es wurde aber wohl erbaut, als die erst 1788 geadelte Familie von Hahn Eigentümer von Karow (1788–1792) war. Dieses Schloß ist ein breit gelagertes Gebäude von dreizehn Achsen. Die drei mittleren davon sind auf der südlichen Parkseite als Mittelrisalit hervorgehoben, wobei die Rundbogenfenster von vier Kolossalpilastern eingefaßt sind, die das Giebeldreieck tragen. Auf der dem Dorf zugewandten Seite des alten, zweigeschossigen Schlosses fehlt ein derart gestalteter Risalit. Unter dem flachen, gewalmten Dach verbirgt sich noch ein Mezzaningeschoß.

Genutzt wurde das Schloß bisher als Internat der Betriebsberufsschule des Staatsgutes Karow. Die Berufsschule selbst war im neuen Schloß eingerichtet, das unmittelbar westlich an das alte Schloß angebaut wurde. Der Neubau erfolgte 1906/07 nach Plänen des Berliner Architekten Ernst von Ihne (1848–1917) für Johannes Schlutius, dem das Gut und andere Besitzungen in der Umgebung von Karow seit 1899 gehörten. Obwohl das neue Schloß nur sieben Achsen in der Breite aufweist, ist es ein beeindruckender, wuchtiger Bau. Die beiden Geschosse sind deutlich höher als die im alten Schloß. Hinzu kommen ein hohes Kellergeschoß und ein steilaufragendes, mit Schiefer gedecktes Mansardendach. Bei dem fast quadratischen Bauwerk sind die mittleren drei Achsen der Nord- und Südseite als Risalite leicht aus der Flucht des Hauses herausgerückt, wo auch ein breiter Balkon in der zweiten Etage angefügt ist. Der Eingang zum neuen Schloß liegt auf der dem Gut zugewandten Westseite.

Die Fenster sowohl im alten als auch im neuen Schloß sind übrigens durch zahlreiche Sprossen in viele kleine Glasflächen geteilt.

Glas spielte in der Geschichte des Gutes Karow früher auch als Wirtschaftsfaktor eine Rolle. Zwischen 1735 und 1800 sowie zwischen 1853 und 1861 waren in Karow Glashütten in Betrieb gewesen.

Natürlich liegt bei den Schlössern auch ein Park. Nördlich der beiden Bauwerke sind Linden, Kastanien und Eichen als Zufahrt zum alten Schloß gepflanzt. Vor dem neuen Schloß ist inzwischen ein Teil des Parks zum Reitplatz umfunktioniert worden.

Der größere Teil des Parks erstreckt sich südlich der Schlösser. Durch ein Wegenetz ist der Park für Besucher gut erschlossen. Nahe der Straße ist ein Teich in den Park einbezogen, an dessen Ufer eine Sumpfzypresse wächst, deren Heimat Nordamerika ist. Dieser Nadelbaum wirft im Herbst seine flachen, weichen Nadeln ab.

Im südlichen Parkbereich steht in Verlängerung der mittleren Achse des alten Schlosses eine Lindenallee aus zwei mal zehn Bäumen. Daneben sind im Park auch stattliche Platanen, Birken und Eichen zu finden. In der jüngeren Vergangenheit sind am Rand einer großen Rasenfläche zahlreiche Rhododendronbüsche neu gepflanzt worden.

1899 hatte Johannes Schlutius auch das sieben Kilometer entfernt liegende Gut Alt Schwerin erworben. Das Dorf beherbergt heute in der ehemaligen Schnitterkaserne des Gutes und auf dem umliegenden Freigelände ein «Agrarhistorisches Museum».

Etwas abseits von der Dorfstraße liegt der eigentliche Gutshof. Hier steht vor dem Schloßhof ein schmiedeeisernes, neobarockes Tor, das ehemals zum Schloß Vollrathsruhe gehörte. Auf der Weltausstellung 1893 in Chicago erhielt dieses schöne Eisentor verdientermaßen einen Sonderpreis. Das Schloß Alt Schwerin ist ein schlichter, zweigeschossiger Backsteinbau von 1733, in dem ein Altersheim eingerichtet ist.

Der Name des Alt Schweriner Ortsteils Glashütte weist noch heute darauf hin, daß auch hier einmal Glas hergestellt wurde. Es war die letzte in Mecklenburg produzierende Glashütte gewesen, die von 1847 bis 1901 farbiges Wirtschaftsglas erzeugte.

Benutzt man die B 192 weiter in Richtung Osten, kann man auf halber Strecke zwischen Malchow und Waren/Müritz, nach etwa fünfzehn Kilometern Fahrstrecke, ein anderes Neobarockschloß besichtigen. Unweit von Fleesen- und Kölpinsee liegt das Dorf Göhren-Lebbin. Seit 1822 war es im Besitz der Grafen von Blücher auf Fincken gewesen. Damals waren es noch zwei getrennte Dörfer, die Blücher und Lebbin genannt wurden. Der Graf ließ hier Schloß Blücher errichten.

Zu Beginn des 20. Jahrhunderts kam Freiherr R. von Tiele-Winkler in den Besitz von Schloß Blücher. Weil dieses kleine Schloß in einfacher Lehmfachwerkbauweise ausgeführt war, ließ er es abreißen und auf den Feldsteingrundmauern ein prächtiges, neues Schloß erbauen. Nach Plänen der Berliner Architekten Ernst und Günther PAULUS wurde in den Jahren 1914/15 unter der Leitung der Architekten LEHNERT und ERDMANN das zweitürmige Schloß errichtet. Es entstand ein äußerlich schlichtes, aber gewaltiges Schloß. Mit fünfzehn Achsen in der Breite liegt das Schloß quer zum Dorf. Drei Achsen bilden auch hier den Mittelrisaliten, in dem der Haupteingang liegt. Nach oben wird der Risalit durch einen hohen geschwungenen Giebelaufsatz abgeschlossen. Recht eigenwillig sind zwei polygonale Türme mit geschweiften Hauben als Paar an der südöstlichen Giebelseite angefügt worden.

Das Schloß hat neben dem Kellergeschoß zwei Etagen. Darüber steht ein sehr hohes Mansardendach, das wohl so hoch ist wie die beiden Hauptgeschosse. Daher ist es nicht verwunderlich, daß im Dach neben dem Mansardengeschoß noch zwei Reihen Gauben eingebaut wurden, um diesen großen Dachraum nutzen zu können.

Vor dem Haupteingang liegt eine große Freitreppe und ein massiver Vorbau, in dem sich ehemals der Windfang und die Garderobenräume für ankommende Gäste befunden haben. Ochsenaugen betonen den barocken Stil des Schlosses auch hier.

Auf Wunsch des Bauherrn sollten im Erdgeschoß große Räume geschaffen werden. Daher verzichteten die Architekten auf einen Korridor. Folglich müssen alle Zimmer hintereinander betreten werden.

Die Halle im Erdgeschoß war und ist der dominierende Raum des Schlosses. Da sie auch als Festsaal dienen sollte, wurde sie bis an die Gartenfront des Schlosses durchgebaut und hat daher eine Grundfläche von rund einhundertsiebzig Quadratmetern. Wie in vielen anderen Schlössern reicht die Halle bis in die zweite Etage empor. Eine hölzerne Treppe führt, einmal gewendet, zum Obergeschoß, wo eine hölzerne Galerie die Verbindung zu den Zimmern herstellt. Gut erhalten ist die Kassettendecke.

Direkt unter der Halle befand sich die Zentralheizungsanlage.

Das siebzig Quadratmeter große Speisezimmer hatte Platz zwischen den beiden Türmen gefunden, darunter lag mit fünfundsechzig Quadratmetern die nicht minder große Küche. Die Parkseite des Schlosses ähnelt der Dorfseite. Lediglich dem Mittelrisaliten fehlt der Vorbau. Dafür sind links und rechts neben dem Portal zur Terrasse erkerartige Anbauten mit Altanen in die Fassade eingefügt.

Die Kosten für den Abriß des alten, den Aufbau und die Einrichtung des neuen Schlosses beliefen sich damals auf sechshundertvierzigtausend Mark, was von Zeitzeugen als «mäßige Baukosten» bezeichnet wurde.

Nach 1945 beherbergte auch dieses Schloß Flüchtlinge und Umsiedler, später auch Bürgermeisterei und Poststelle der Gemeinde. Seit den siebziger Jahren ist das Schloß umfassend rekonstruiert und zu einem betrieblichen Ferienheim umgebaut worden. «Schloßherr» und Auftraggeber war damals das Volkseigene Kombinat Sekundärrohstoffe in Berlin. Am 9. Februar 1986 wurde das Schloß schließlich seiner neuen

Karow, altes und neues Schloß, Dorfseite

Bestimmung übergeben. Gegenwärtig trägt das gut eingerichtete Haus den Namen «Schloß-Hotel» Göhren-Lebbin. Der Funktion des Schlosses entsprechend, wurde auch der Park instandgesetzt und lädt zum Spaziergang ein.

Vor der Dorfseite des Schlosses breitet sich eine lange Rasenfläche aus, die von jungen Lindenreihen gesäumt ist. Im Park ermöglichen weite, gemähte Rasenflächen mit schönen Bäumen und ein kuppiges Gelände ständig neue An- und Aussichten, in deren Mittelpunkt das helle, große Schloß steht. Auffallende Bäume sind die Blutbuche mit den roten Blättern, verschiedene Tannenarten und drei sehr große schlitzblättrige Buchen. Diese Bäume, die, botanisch betrachtet, einheimische Rotbuchen sind, haben Blätter mit tief geschlitzten Rändern, so daß sie fast wie Eichenblätter aussehen. An einem kleinen Teich stehen Trauereschen und Trauerweiden. Man findet in dem von Wegen durchzogenen Park aber auch Platanen, Lärchen, Schwarzkiefern und Fichten.

Wer sich im «Schloß-Hotel» Göhren-Lebbin einquartiert, hat es nicht weit bis zum Schloß Klink. Das Schloß liegt fünfzehn Kilometer von Göhren-Lebbin entfernt, ebenfalls an der B 192, in Richtung Waren/Müritz. Von der Terrasse und den Fenstern des Schlosses ist ein schöner Ausblick auf die einhundertsiebzehn Quadratkilometer große Müritz, den größten Binnensee Mecklenburgs, möglich. Schloß Klink ist im Neorenaissance-Stil für Arthur von Schnitzler in den Jahren 1897/98 erbaut worden. Pläne dazu lieferten die Berliner Architekten GRISEBACH und DINKLAGE. Mehrere Wandgemälde hatte Max LIEBERMANN für das «Zimmer der Dame» gemalt, die aber heute nicht mehr vorhanden sind. Weil es ursprünglich im Schloß keinen Saal gab, wurde 1913 nach Plänen von PAULUS und LILLOE (Berlin) im gleichen Stil ein großer Saalbau hinzugefügt.

Das stark beschädigte Schloß ist ab 1968/69 durch den VEB Wasserwirtschaft Neubrandenburg für etwa acht Millionen Mark restauriert und zum Schulungs- und Betriebsferienheim modern ausgebaut worden.

Von Klink aus ist es nicht mehr weit bis zum Wisentgehege auf dem Damerower Werder, einer Halbinsel im

Göhren-Lebbin, Schloß mit Türmen von Südosten

Kölpinsee. Seit 1957 werden auf dieser Landzunge Wisente in freier Wildbahn gezüchtet. 1989 wurde dort bereits das hundertste Kalb geboren. In zwei Schaugattern können diese europäischen Wildrinder bei der Fütterung beobachtet werden.

Um zum nächsten Reiseziel, dem Gutshaus Charlottenthal, zu gelangen, muß man von Süden über die B 103 in Richtung Krakow am See fahren.

Fünf Kilometer nördlich von Krakow am See liegt Charlottenthal. Früher war die Siedlung eigentlich nur die Meierei Grube und gehörte zum Gut Groß Grabow. Erst 1795 wurde der Ortsname Charlottenthal eingeführt. Damals gehörte das Gut dem «preußischen königlichen Kammerrath» Otto Conrad von Hahn, der erst am 6. Dezember 1788 durch Kaiser Joseph II. geadelt worden war. Schon 1805 erlosch diese Familie wieder. Sie war mit den in Mecklenburg ansässigen von Hahns nicht verwandt gewesen.

O. C. von Hahn ließ in Charlottenthal ein eingeschossiges Wohnhaus erbauen, das bis zur Mitte des 19. Jahrhunderts genutzt wurde. Nach mehrmaligem Besitzerwechsel kam das Gut schließlich 1842 in die Hand von Christian Wilhelm Engel, dem schon das benachbarte Gut Groß Grabow gehörte. Er galt als erfolgreicher Landwirt und war auch bekannt durch sein Wirken als Direktor des «Mecklenburgischen patriotischen Vereins». C. W. Engel ließ dann 1843 das noch heute vorhandene Schloß erbauen. Architekt und Baumeister war der aus Schwerin stammende Th. Krüger.

Der Mode der Zeit entsprechend, entstand ein neogotisches Schloß. Die Zufahrtsseite ist nach Süden gerichtet. Die Nordseite zeigt zum Park.

Die Südseite wird bestimmt durch einen dreigeschossigen, dreiachsigen Mittelrisaliten, dessen Ecken als schmale achteckige Türmchen ausgeführt sind, die oben in Zinnenkränzen enden. In den beiden Hauptgeschossen sind die drei Achsen der Schloßmitte als Spitzbögen ausgeführt. Der eigentliche Eingang ist hinter die Spitzbögen des Erdgeschosses gelegt worden. Während die Halle inzwischen umgebaut wurde, sind im Mittelkorridor noch heute die alten gekielten Tudorbögen zu sehen.

In der ersten Etage lag hinter den großen schönen Fenstern einst der Saal des Schlosses.

Bei einer Erneuerung des Putzes der Südfassade vor 1989 sind Verzierungen, so auch abgetreppte Fensterüberdachungen und der Bogenfries zwischen den beiden Geschossen, beseitigt worden. Nur am Mittelrisaliten kann man diese Verzierungen noch finden. Dort sind auch die Buchstaben C und W als Monogramme zu finden, die auf den Bauherrn Christian Wilhelm Engel hinweisen.

An dieser Seite hat das Schloß auch zweiachsige, zweieinhalbgeschossige Seitenrisalite, die ebenfalls durch schmale, bekrönte Türmchen begrenzt werden.

Östlich ist ein massiver, eingeschossiger Flügel angefügt, der in der Mitte des 19. Jahrhunderts ursprünglich als gläserner Wintergarten gebaut worden war.

Westlich schließen sich an das Schloß zwei Gebäudeteile an, die noch heute als einstige Wirtschaftsgebäude zu erkennen sind. Der unmittelbar ans Schloß angefügte, jetzt zweigeschossige Trakt ist der ehemalige Küchen- und Dienerflügel. Der sich daran anschließende größere Bau enthielt früher das Wasch- und Backhaus sowie die Molkerei. Das Schloß ist heute bewohnt, beherbergt auch Kindergarten und Gaststätte.

An der Parkseite des Schlosses ist noch der originale Putz erhalten, der noch alte Verzierungen zeigt, die der Südfassade schon fehlen. Dazu gehörten auch ein Rundbogenfries und die Fensterüberdachungen. Die Parkseite ist ohne Mittelrisaliten. Jedoch sind auch hier zwei Seitenrisalite mit den begrenzenden schmalen Türmchen vorhanden. In der oberen Etage fallen die Fenster wegen der alten Fensterrahmen auf, denn deren obere Teile sind maßwerkartig, gotisch gestaltet. Die drei mittleren werden durch blinde Fenster flankiert. In den Blindfenstern kann man je ein Medaillon sehen, das einen Mann mit Zylinder und einem Hammer in der Hand bzw. einen Löwenkopf darstellt.

Der sich nach Norden anschließende Park war einst ein Landschaftspark gewesen, der von zahlreichen Wegen durchzogen wurde. Ein Teich mit Insel bildete die Mitte des Parks. Dieses Gewässer ist auch heute noch vorhanden, wenngleich es den Charakter eines Tümpels angenommen hat. Durch den Bau von drei Einfamilienhäusern im östlichen Teil des Parks, der Nutzung des Parkgeländes als Gartenland und Schuppenstandort sind die Parkstrukturen verlorengegangen. Eine «prächtige» Brennesselflur macht das Durchstreifen des Parks fast unmöglich. Einzelne stattliche Bäume lassen jedoch einen Rest von Parkanlage erkennen. Im Park wachsen Lärchen, Blutbuchen, Ahornarten, Stieleichen und Roßkastanien. Eine große Hemlockstanne, die kurze flache Nadeln hat, ist als Naturdenkmal besonders geschützt worden. Charlottenthal gelangte 1896 in den Besitz des preußischen Generals a. D. Schmidt-Pauli. Dieser hatte schon in Berlin-Karlshorst eine Pferderennbahn gegründet. Schmidt-Pauli richtete auf seinem Gut Charlottenthal deshalb nicht ohne Grund ein Vollblutgestüt ein und ließ dort Pferde für den Rennsport trainieren. Damit erlangte Charlottenthal, neben den dafür schon bekannten Gütern Zierow, Ivenack und Basedow, bald auch Bedeutung für die Pferdezucht in Mecklenburg.

Von Charlottenthal aus lohnt sich auch ein Abstecher nach Kuchelmiß (Autobahnabfahrt Krakow), zehn Kilometer östlich von Krakow am See. Im Dorf, auf der Ostseite des Flüßchens Nebel, ist aus dem 18. Jahrhundert ein schönes zweigeschossiges Fachwerkgutshaus erhalten. Am westlichen Ufer der Nebel hatte bis in die Mitte der fünfziger Jahre des 20. Jahrhunderts ein großes Schloß gestanden, das erst 1863 bis 1866 für die Familie von Hahn gebaut worden war. Von dieser großen Anlage sind nur der Marstall und der ehemalige Schloßpark geblieben.

Etwas flußabwärts vom früheren Schloßstandort lädt die Fachwerk-Wassermühle (von 1751) Kuchel-

Charlottenthal, Schloß von Süden, Dorfseite

miß, ein technisches Denkmal und Museum, zur Besichtigung ein. Bei dieser Wassermühle liegt das Mühlrad quer zur Fließrichtung des Flüßchens. Ab 1866 versorgte die Mühle das neugebaute Schloß mit elektrischem Strom. Dazu war eine Wasserturbine eingebaut worden. Das hohe Bauwerk gegenüber der Wassermühle ist ein Wasserturm, der für die Versorgung des Schlosses errichtet wurde.

Doch wieder zurück zur B 103. Auf dem Weg zum Schloß Bellin (Kr. Güstrow), das zehn Kilometer westlich von Charlottenthal liegt, durchquert die Straße auch das Dorf Marienhof. In diesem Ort steht ein von der LPG Bellin restauriertes, weiß und rotbraun gestrichenes Gutshaus aus der Mitte des 19. Jahrhunderts. Dicht an der Schloßrückseite kann im Park eine stattliche Japanische Sicheltanne *(Cryptomeria japonica)*, eine Seltenheit, deren Stammdurchmesser zirka fünfzig Zentimeter beträgt, bewundert werden.

Im Nachbardorf Bellin ist in ihren Grundzügen eine barocke Gutsanlage erhalten. Dem anreisenden Besucher fällt zuerst das mit einem Dachreiter versehene Torhaus direkt an der Dorfstraße auf. Solche Torhäuser sind die architektonischen Überbleibsel der während der Renaissancezeit gebauten Vierflügelanlagen. Dienten sie ursprünglich Verteidigungszwecken, wurden die Torhäuser und Tortürme im 18. Jahrhundert meist als repräsentative Einfahrten zum Schloßbereich genutzt. Größere Torhäuser, wie das von Bellin, konnten gleichzeitig auch als Wirtschaftsbauten dienen. Das Belliner Torhaus wurde in der Vergangenheit mehrfach umgebaut. Die Jahreszahlen von 1910 und 1982 in der Wetterfahne des Dachreiters deuten darauf hin. Es hat aber seine barocke Gestalt bewahren können. Neben der großen Toreinfahrt liegen zwei Schlupfpforten für Fußgänger. Wer sie durchschreitet, dem öffnet sich ein weiter Hofraum. Nahe dem Torhaus sind Wirtschaftsbauten errichtet. In der Verlängerung der Mittelachse des Torhauses liegt, weit im Süden der Hofanlage, ein großes Schloß. Zwischen Torhaus und diesem Schloß erstrecken sich grüne Rasenflächen, die von alten Winterlin-

den eingefaßt sind. Noch vor dem großen Schloß stehen, links und rechts von den Lindenreihen, zwei eingeschossige, verputzte Flügelbauten mit schöner Rundbogengliederung. Das sind die Seitenflügel eines Barockschlosses, das ehemals Mittelpunkt der Anlage war, heute jedoch nicht mehr vorhanden ist. Der östliche Seitenflügel ist im Giebeldreieck einer Türrahmung durch die Jahreszahl 1746 datiert. Die Initialen S.C.V.S. bezeichnen den Reichsgrafen von Sala als Bauherrn des Barockschlosses. Dieses Barockschloß war ein zweigeschossiger Bau über einem hohen Kellergeschoß. Unter einem Vollwalmdach war ein blockhaftes Schloß von neun Achsen Breite gebaut worden. Die nach Süden gerichtete Parkseite hatte in der Mitte des Hauses einen eingeschossigen, halbrund vorgebauten Risalit. Darüber befand sich ein Altan, zu dem man über die zweite Etage Zugang fand. Dieser halbrunde Anbau hatte zwar drei große Fenster, jedoch keine Treppe, die zum Park hinabführte.

An Stelle des Barockschlosses steht nun ein viel größeres Neobarockschloß. Es entstand nach Plänen von Paul Korff («Landbaubüro Laage») in den Jahren 1910 bis 1912 für Henry Brarens Sloman (1848 bis 1931). Er hatte das Gut Bellin 1910 von Gerhard Freiherrn von Marschall gekauft. Auch für von Marschall hatte P. Korff bereits früher schon Baupläne geliefert.

Der neue Besitzer von Bellin, H. B. Sloman, war 1867 nach Amerika ausgewandert. Dort hatte er sich in verschiedenen Berufen betätigt und war ins Salpetergeschäft (Chile) eingestiegen, was ihm ein Vermögen einbrachte, das schließlich den Kauf des Gutes Bellin ermöglichte.

Nach 1945 war das Schloß wie viele andere mit Flüchtlingen und Umsiedlern belegt und wurde dann lange Jahre als Verwaltungsschule genutzt. Zwischen 1963 und 1979 war das Schloß eine Außenstelle der Bezirksparteischule Schwerin der SED. Von 1979 bis 1990 diente das Schloß als Heimstatt (SWAPO-Kinderheim) für jeweils einhundertvierzig namibische Kinder im Alter von drei bis sieben Jahren, die wegen des Kriegszustandes in Namibia hier zeitweilig eine zweite Heimat fanden. Seit Ende 1990 steht das große Schloß leer, da bisher keine neue Nutzungsmöglichkeit gefunden werden konnte.

Das Hauptportal des Schlosses liegt auf der dem Hof zugewandten Nordseite. Das Schloß hat fünfzehn Achsen, wovon jeweils die beiden äußeren als Seitenrisalite ausgeführt sind. Ein breiter, drei Achsen umfassender Mittelrisalit mit Säulenvorbau, Altan, Giebeldreieck und Freitreppe verbirgt hinter vier Säulen den Eingang. Keller, zwei Hauptgeschosse und ein ausgebautes Mansardendach schaffen im Schloß viel Platz für verschiedene Räumlichkeiten. Ursprünglich war auf jeder Seite des 1989/90 erneuerten Daches über den Mansardenfenstern eine Reihe von sechs Fledermausgauben angeordnet, die modernen Kippfenstern weichen mußten.

An der Parkfassade sind die Seitenrisalite fast wie Seitenflügel vorgezogen und schließen dadurch die

Lehsen, Schloß, Dorf- und Hofseite

Bellin, Schloß, Hofseite mit Portal

Bellin, Blick vom Schloß über den Hof zum barocken Torhaus

große Glasfront des Wintergartens ein. Vom Wintergarten aus führt eine geschwungene, zweiarmige Treppe zum Park hinab. Darunter sind Zugänge zum Kellergeschoß angelegt.

Wirklich bemerkenswert ist das Innere des Schlosses. Unmittelbar hinter der Eingangstür liegt der ganz mit Marmor verkleidete Windfang. Vom Windfang gelangt man unmittelbar in die Halle des Schlosses, die auch als Saal fungieren kann. Von hier aus führen große Türen zu den östlich und westlich gelegenen Zimmern. Eine zweiarmige Holztreppe mit Dockengeländer stellt die Verbindung zum Obergeschoß her. Die Halle ist fast vier Meter hoch, mit Holz getäfelt, die Decke mit Stuck verziert. Ein steinerner Kamin vervollständigt ebenso wie vier große, steinerne Säulen mit vergoldeten Kapitellen die Ausstattung dieses repräsentativen Raumes.

Eine tiefe, hölzerne Kassettendecke findet man im östlichen Erkerzimmer des Erdgeschosses. Auch in anderen Räumen sind Deckenstuck oder Holzpaneel noch zu finden.

In allen Zimmern des Erdgeschosses sind hinter der Holztäfelung und in hohlen Wänden funktionsfähige Scherengitter verborgen, mit denen die Fenster von innen gesichert werden können.

Im Haupttreppenhaus sind die Wände mit kannellierten Pilastern verziert. Vom Treppenpodest ist der Zugang zum Altan über dem Säulenvorbau der Hofseite möglich. Neben einem schönen Blick über die gesamte Schloßanlage kann man hier sehen, daß die Fensterbankabdeckungen und Fallrohre aus Kupfer gefertigt sind. Im Gestein der Brüstung des Altans und auch in der Fassadenverkleidung des Schlosses fallen Muschelschalen auf. In Bellin wurde Muschelkalk verarbeitet, ein in Mecklenburg nur selten verwendetes Baumaterial.

Im Keller des Schlosses befinden sich auch noch heute Waschküche, Wirtschaftsräume und die Küche des Hauses. Die Heizungsanlage des Schlosses ist 1987 vom Keller in ein abseits gelegenes, neues Heizhaus verlegt worden.

Ein sechzehn Hektar großer Park umgibt das Schloß an drei Seiten. Bemerkenswert sind zwei Pyramiden-

Bellin, Schloß, Südseite von der Parkterrasse aus

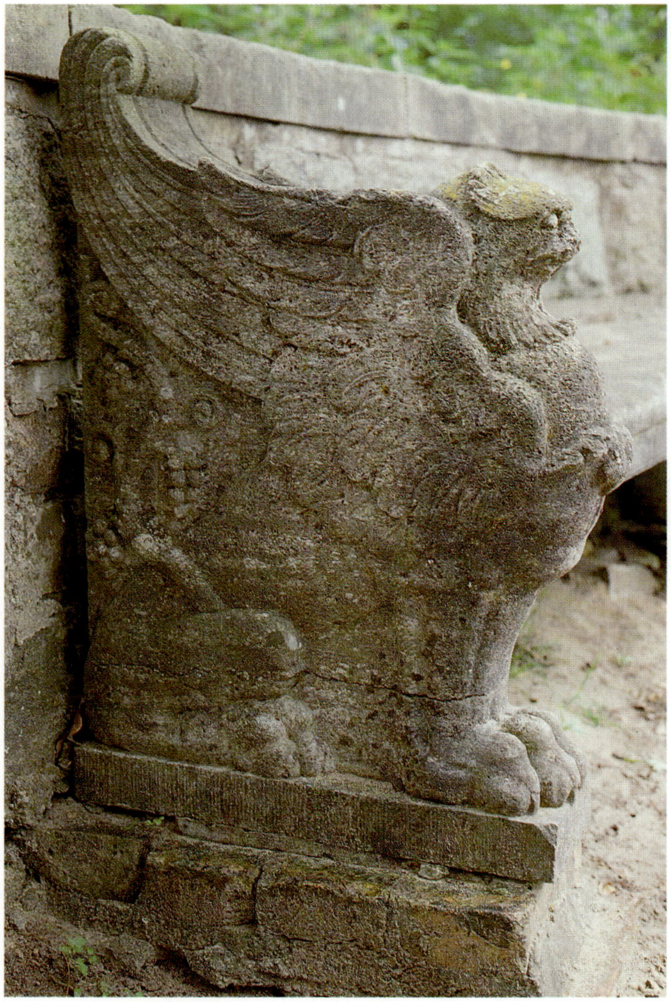

eichen an der Ostseite des Schlosses. Südlich vom Schloß steigt eine lange, von Buchenhecken gesäumte Rasenterrasse zu einem Aussichtsplateau am Parkrand empor. Die hier wachsenden Taxus- und Buchsbaumbüsche mögen noch aus der Zeit des alten Barockschlosses stammen. Ein großes Mausoleum steht im östlichen Parkbereich. Im westlichen Teil des Parks, neben dem Schloß, liegt ein von Balustraden eingefaßter Teich. An einer Teichecke ist ein offener Pavillon in die Balustrade eingefügt.

Der Baumbestand des Parks wird von einheimischen Buchen, Eschen, Erlen und Birken gebildet. Hinzu kommen wenige Stieleichen, Platanen, Trauerweiden, Trauerbuchen und einige Koniferen.

Bellin,
Steinerne Wange
einer Bank im Park

Wer Schloß Bellin besucht hat, sollte natürlich auch nach Güstrow fahren. Die Ernst-Barlach-Gedenkstätte, der mittelalterliche Dom mit Barlachs «Schwebendem Engel», Mecklenburgs größtes erhaltenes Renaissanceschloß, ein Rathaus im Zopfstil und eine Vielzahl von interessanten Bürgerhäusern sind schon einen Besuch wert.

Das Renaissanceschloß unterscheidet sich durch seine außergewöhnliche äußere und innere Gestaltung ganz wesentlich von allen anderen Schlössern der Renaissance in Mecklenburg. Bedingt durch die Tätigkeit auswärtiger Architekten, Baumeister und Künstler sind am Güstrower Schloß sowohl italienische wie auch niederländische Einflüsse mit der bodenständigen mecklenburgischen Baukunst in schöner Harmonie zusammengeführt worden.

Ausgangspunkt für den Bau des mehrflügligen Renaissanceschlosses war eine mittelalterliche fürstliche Burg, von der einige Gebäude 1557 durch Feuer vernichtet wurden. Bedingt durch die Güterteilung zwischen den herzoglichen Brüdern Johann Albrecht I. und Ulrich im Jahr 1555, hatte Ulrich den Besitz Güstrow erhalten. Durch den Brand war er gezwungen, einen neuen Wohnsitz errichten zu lassen. Herzog Ulrich holte sich mit den Gebrüdern Parr Norditaliener ins Land, die zwischen 1558 und 1565 Süd- und Westflügel des heute vorhandenen Schlosses neu errichteten. Federführend beim Bau war Franz(iskus) Parr. Für den Bau des Güstrower Schlosses wurden unter anderem auch Backsteine des 1552 säkularisierten Klosters Marienehe verwendet. In Anlehnung an die italienische Renaissancearchitektur erhielten die Fassaden des dreigeschossigen Schlosses eine markante Putzquaderung, die die Verwendung von grob behauenen Natursteinen nachahmt. Die Putzfelder nehmen in der Größe vom Kellergeschoß nach oben hin ab. Mehrere Gesimse gliedern die Fassaden horizontal. Wegen dieser Form der Fassadengestaltung unterscheidet sich Schloß Güstrow ganz auffällig von den zur gleichen Zeit errichteten Terrakotta-Bauten, die Herzog Johann Albrecht I. in Schwerin und Wismar ausführen ließ.

Neben der markanten Putzgestaltung ist am Güstrower Schloß, besonders am Westflügel, die unsymmetrische Gliederung der Fassade durch einen großen Risaliten mit Tordurchgang und einen weiteren Risaliten neben dem Südwest-Eckturm hervorhebenswert. Diese Risalite und Ecktürme haben vier Geschosse. Das gesamte Schloß erhebt sich über einem hohen Kellergeschoß, das an der Westseite sogar zweigeschossig ausgeführt ist. Weil das Schloß auf einem Hügel erbaut wurde, ist dieser Tatbestand nur an den äußeren Fassaden erkennbar. Die Hofseite des Schlosses zeigt sich durchgehend dreigeschossig. Ehe man jedoch den Schloßhof erreicht, muß man das erst 1670 gebaute Tor- oder Pforthaus passieren, das nach Plänen von Charles Philippe DIEUSSART entstand. Auch dieses Bauwerk weist eine kräftige Putzquaderung auf. Über die Schloßbrücke, die den Abstieg zum südlich vom Schloß liegenden Renaissancegarten ermöglicht, gelangt man zur gewölbten Tordurchfahrt und auf den Hof des Schlosses. Hier bietet sich dem Besucher ein in Mecklenburg inzwischen einmalig gewordener Anblick. Die Hofseite des PARRschen Südflügels zeigt sich als dreigeschossige, offene Galerie. Ein Werk des Steinmetzen Hans STROL. Die beiden unteren Etagen dieser Galerie sind gewölbt, die obere ist flach gedeckt. Ionische und korinthische steinerne Säulen tragen die Bögen der Arkaden. Zugang zu dieser seltenen Architektur erhält man über den großen, im Grundriß ovalen Treppenturm am östlichen Ende des Südflügels. Ursprünglich sollte der Südflügel noch nach Osten verlängert werden, jedoch blieb dieser Teil des Schlosses stets unausgeführt, der Treppenturm damit ein Eckturm. Nach der Fertigstellung der beiden Schloßflügel ging Franz PARR nach Schweden.

Bald wurde ein Brand erneut Ausgangspunkt neuen Baugeschehens. 1585 brannte der verbliebene zweigeschossige Nordflügel der mittelalterlichen Burg ab, so daß Herzog Ulrich nun Philipp BRANDIN aus Utrecht mit dem Neubau des Nordflügels beauftragte. Auf diese Weise gelangten auch niederländische Bauideale ins Güstrower Schloß, wo zwischen 1587 und 1588 der Nordflügel neu entstand. Eine Inschriftentafel am Erker des sechsgeschossigen, mit starker Eckquaderung versehenen Nordturms erinnert noch heute an

Güstrow, Schloß, Westfassade vom Torhaus aus

das damalige Baugeschehen. Bis 1594 wurde dann auch der Ostflügel mit der Schloßkapelle durch Claus MIDOW nach BRANDINS Plänen gebaut. Damit war bis auf eine Baulücke zwischen Ost- und Südflügel nun eine Vierflügelanlage mit beeindruckenden Fassaden, Giebeln und stattlichen Türmen entstanden. Diesen Bauzustand kann man auf einem Gemälde sehen, das im Schloßmuseum hängt. Fast zwei Quadratmeter groß, zeigt es das Schloß Güstrow von Südosten. Dieses Bild entstand «Nach Casp. Merian Copirt v. J. Malter 1836». C. MERIAN hatte bereits 1653 einen Stich mit der Schloßansicht angefertigt, die den Ostflügel mit der Baulücke zum älteren Südflügel zeigt.

Neben der prächtigen Putzgestaltung der Fassaden und der Galerien auf der Hofseite des Schlosses sind auch zahlreiche Schornsteine in den aufwendigen Schmuckformen der Renaissance erwähnenswert, die man in dieser Vollendung an mecklenburgischen Schlössern sonst nirgends mehr findet.

Die Vierflügelanlage sollte nicht lange Bestand haben. Schon 1794/95 wurden unter merkwürdigen Umständen sowohl der Ostflügel als auch Teile des Nordflügels abgebrochen, so daß Schloß Güstrow heute nur noch eine Dreiflügelanlage darstellt.

Neben der außergewöhnlichen äußeren Gestaltung des Schlosses sind auch die Innenräume über das normale Maß hinaus bemerkenswert. Neben zahlreichen gewölbten Räumen im Keller und Erdgeschoß, die jetzt unter anderem eine Gaststätte, Bibliothek und Museumsräume beherbergen, gibt es besonders im Südflügel auch flachgedeckte Zimmer und Säle mit restaurierten, prachtvollen Stuckdecken. Dazu gehört der Parr-Saal mit einem ungewöhnlichen Keramikfußboden und einer in braunen, grün-blauen und goldenen Farbtönen gehaltenen, ornamental gestalteten Decke. Höhepunkt der gesamten Innenausstattung ist jedoch der Festsaal mit dem farbigen Hirsch- und Rehfries von 1570/78, der von Christoph PARR geschaffen wurde. Fast in Lebensgröße treten Hirsche und Rehe aus Gips halbplastisch aus dem Fries heraus. Ihre Köpfe tragen natürliche Geweihe. Die Kassettendecke des Saals wurde später, erst um 1620, vom Stukkateur Daniel ANCKERMANN mit elf mythologischen Darstellungen und fünfundzwanzig Jagdszenen versehen. Auch diese Stuckarbeiten sind zum Teil halbplastisch ausgeführt und erlangen damit besonderen Reiz. Zwischen 1964 und 1972 wurde das Schloß umfassend restauriert. Daran waren auch polnische Stukkateure beteiligt, die den Bauleiter Rudolf PILZ in einem der Stuckfelder als Reiter mit Schlips und Kragen verewigten. Während der Rekonstruktion und Restauierungsarbeiten am und im Schloß wurde auch der Schloßgarten, der direkt südlich am Schloß liegt, wieder hergestellt. Auf etwa drei Hektar Fläche wurden symmetrische Blumenbeete angelegt, die typische Heckenbepflanzung mit Hainbuchen, Buchsbaum und Liguster vorgenommen und auch wieder Laubengänge errichtet. Von Wassergräben umgeben, ist dieser Renaissancegarten der einzige in Mecklenburg, der wiederhergestellt werden konnte. Hilfreich und nützlich war dabei ein Vogelschau-Bild von Schloß und Garten, das MERIAN 1653 gestochen hatte.

Es ist nicht ausgeschlossen, daß der Garten während der Herrschaft WALLENSTEINS in Mecklenburg seine letzte Gestalt erhielt. Albrecht von WALLENSTEIN (1583–1634) hatte 1628 Mecklenburg als Lehen vom Kaiser erhalten, war zum regierenden Herzog von Mecklenburg ernannt worden und hatte vom Sommer 1628 bis zum Sommer 1629 seine Residenz im Schloß Güstrow errichtet.

Nachdem Herzog Gustav Adolf im Jahr 1695 ohne Erben verstorben war, wurde es sehr still um das Schloß, denn Schwerin wurde alleinige Residenz der mecklenburgischen Herzöge. Das Schloß wurde gar nicht oder nur zu bestimmten Anlässen genutzt. Die Möbel brachte man zum Schweriner und Ludwigsluster Schloß. Verfall setzte ein. So wundert es nicht, daß am Ende des 18. Jahrhunderts ein Teil des Schlosses (Ostflügel) abgetragen wurde.

Erst zu Beginn des 19. Jahrhunderts erhielt das Schloß eine neue Bestimmung. Während der Zeit der Befreiungskriege (1813–1815, eine Säule auf dem Franz-Parr-Platz vor dem Schloß erinnert daran) beschloß der mecklenburgische Landtag die Einrichtung eines «Landarbeitshauses» im Güstrower Schloß. Um Geld dazu aufzutreiben, wurde 1814 eine Steuer von 1 Taler und 24 Schillingen je Hufe erhoben. Durch

Güstrow,
Schloß von Südwesten

Güstrow, Schloß, Decke in der Fensterwölbung, Parrsaal

eine Verordnung vom 5.4.1817 wurde dann die Gründung des Landarbeitshauses beschlossen. Das Landarbeitshaus war nicht nur Heimatlosenasyl, sondern diente auch als Verwahranstalt, man könnte auch Gefängnis sagen, für «leichte Fälle» von Straftätern. Um möglichst viele Menschen aufnehmen zu können, wurden damals die großen Räume und Säle ohne Rücksicht auf ihre kunstvolle Ausstattung durch die Einfügung von Wänden und Decken in viele kleine Räume und Zellen geteilt. Erst 1918 wandelte sich die Bestimmung des Schlosses. Es wurde Landesfürsorge- und Landarbeitshaus, zwischen 1933 und 1945 auch Durchgangslager für inhaftierte Gegner des nationalsozialistischen Regimes. Nach Kriegsende diente das Schloß vorübergehend auch als Altersheim, ehe 1964 die Rekonstruktions- und Restaurierungsarbeiten begannen.

Heute stellt das Schloß ein architektonisches Kleinod im Stadtbild Güstrows dar, das sich durch viele andere historische Bauten auszeichnet. Dazu gehört auch das gleich neben dem Schloß nach Plänen von Georg Adolph Demmler in den Jahren 1828 und 1829 gebaute eingeschossige Theatergebäude, das neben dem Neubrandenburger Schauspielhaus von 1780 zu den ältesten erhaltenen Theaterbauten in Mecklenburg gehört.

Vietgest

Zwei Kilometer östlich der Autobahnabfahrt Güstrow liegt an der B 104 Vietgest. In diesem Dorf wurde zwischen 1980 und 1990 ein großes Barockschloß restauriert. Auftraggeber der Instandsetzungsarbeiten war die CDU (Ost) gewesen, die im Schloß ein Schulungs- und Ferienheim einrichten wollte. Jetzt ist es ein Hotel. Der schöne Barockbau wurde zwischen 1792 und 1794 für Johann Friedrich Boldt erbaut. Spätere Besitzer von Vietgest waren in der ersten Hälfte des 19. Jahrhunderts die Familie von Herzeele und ab 1841 die Fürsten von Schaumburg-Lippe.

Eine gewisse Ähnlichkeit mit dem schon 1730/40 erbauten Schloß Kummerow ist nicht zu verkennen. Beiden Schlössern ist gemeinsam, daß der dominierende, zweigeschossige Hauptbau über eingeschossige Galerietrakte mit zwei quadratischen Pavillons verbunden ist.

Das Haupthaus des Schlosses Vietgest hat elf Achsen, von denen die drei mittleren, auf Dorf- und Parkseite, als Mittelrisalit hervorgehoben sind. Die Risalite schließt nach oben jeweils ein Segmentbogengiebel mit rundem Fenster ab. Vier Schornsteine, die schon von weitem zu sehen sind, und zwei Reihen von Mansardenfenstern schmücken das Walmdach.

Die übliche Umsiedlerbelegung ab 1945 und viele Jahre der Nutzung als Schule hatten ihre Spuren im Schloß hinterlassen. Das Innere des Schlosses ist deshalb, dem neuen Zweck entsprechend, modernisiert worden, nur der große Saal mit seinen Stuckdekorationen wurde zwischen 1982 und 1984 original wiederhergestellt.

Parallel zur Instandsetzung des Schlosses ist auch die Parkanlage erneuert worden. So ist nördlich vom Schloß nun die Zufahrt von der Dorfstraße her wieder mit Linden bepflanzt und ein vor dem Schloß gelegenes Wasserbecken, die «Pferdeschwemme», sowie die Auffahrt zum Schloß wiederhergestellt. An der Südseite des Schlosses umgeben zwei Dammschüttungen hufeisenförmig die tiefergelegene neue Pergola und Blumenbeete. Die beiden Dämme sind jetzt mit etwa 25jährigen Linden bepflanzt. Vorher hatten dort alte Kastanienbäume gestanden. Kieswege erschließen den südlich vom Schloß liegenden Park. In der Mittelachse von Schloß und Park liegt, als Gegenstück zur «Pferdeschwemme», ein runder Teich in neu entstandenen, barocken Teil der Anlage. Weite Bereiche des Parks sind mit Rasen angesät, auf denen nur wenige alte Bäume stehen. Dazu zählen, nahe am runden Teich, zwei stattliche Blutbuchen, die mit ihren gewaltigen Kronen die Verbindungsbauten und Pavillons des Schlosses fast vollständig verdecken, so daß der Blick des Besuchers vom Teich über die Pergola auf das imposante Haupthaus gelenkt wird. Am Teich komplettiert eine Gruppe von Trauereschen den Bestand alter Bäume in diesem Parkbereich. In der jüngeren Vergangenheit sind hier auch zahlreiche Rhododendron- und Taxusbüsche neu gepflanzt worden.

Westlich vom runden Teich liegt eine rechteckige Rasenfläche, die an drei Seiten noch von alten Linden

eingefaßt ist. Noch weiter westlich hat der Park waldartige Struktur, Überbleibsel eines Landschaftsparks, der im 19. Jahrhundert angelegt worden war. Auch hier haben Rekonstruktionsarbeiten zur Wiederherstellung der historischen Parklandschaft stattgefunden. Ursprünglich erstreckte sich der Landschaftspark auch weiter nach Süden, jedoch wird heute der Park im Süden durch den Bahndamm der Strecke Teterow-Güstrow begrenzt.

Schloß Vietgest ist wohl der letzte Schloßbau der Barockepoche in Mecklenburg gewesen. Der erste mecklenburgische Schloßbau dieser Stilrichtung liegt gar nicht weit von Vietgest entfernt.

Etwa zwanzig Kilometer nordwestlich von Güstrow, am östlichen Rand des Recknitztals, zwischen den Dörfern Liessow und Recknitz, kaum fünf Kilometer südlich von Laage, steht die Ruine des Schlosses Rossewitz in der freien Landschaft. Schlecht befahrbare Wege führen zu diesem Ort, der eigentlich eine Wüstung ist.

Schloß Rossewitz wurde nach dem Dreißigjährigen Krieg im Stil des Frühbarocks errichtet. Für Joachim Heinrich von Vieregge und seine Gemahlin Anna Margareta von Hahn (aus dem Hause Basedow) wurde dieses Schloß zwischen 1657 und 1680 erbaut. Architekt war der aus einer Hugenottenfamilie stammende Charles Philippe Dieussart, der vorher schon in Güstrow gearbeitet hatte.

Die Blockhaftigkeit des Schlosses und die grobe Eckquaderung erinnert noch an Renaissanceschlösser. Die eleganten, schmückenden Zutaten, vor allem aber die

Vietgest,
Schloß, Dorfseite
mit «Pferdeschwemme»

Innenarchitektur weisen schon den neuen, barocken Stil aus. Auch den bisher üblichen Treppenturm gibt es beim Schloß Rossewitz nicht mehr.

Für Mecklenburg einmalig ist die Abfolge der vier Geschosse des Bauwerks. Es wechselt jeweils ein Vollgeschoß mit einem Halbgeschoß. Solche Mezzaningeschosse findet man sonst üblicherweise nur unter dem Dach angeordnet.

Die vermauerten Fensteröffnungen verhindern heute einen Blick auf die Reste der Innenausstattung. Hinter dem Portal lag eine quadratische Eingangshalle, die durch beide unteren Geschosse reichte und mit einer Stuckdecke verziert war. Der Aufgang zu den oberen Etagen war noch eine reine Funktionstreppe ohne Schauwert. Sie war links von der Halle, fast versteckt angeordnet. Auf diese Weise mußte der Saal von der südöstlichen Querseite her betreten werden.

Die Wände des anderthalbgeschossigen Saals waren außergewöhnlich gestaltet gewesen. Um 1660 hatten wahrscheinlich italienische Künstler illusionistische, perspektivische Fresken im Saal gemalt! Dazu gehörten neben die Türen gemalte korinthische Säulen mit kräftigen Gesimsen. Darüber waren Balustraden zu sehen, die scheinbar einen Blick ins Freie erlaubten. Später, 1781/84, hat J. F. Fechhelm über den Türen zusätzlich Medaillons mit arkadischen Landschaften hinzugefügt. Den Mittelpunkt der Wandgestaltung bildete ein scheinbar langer gewölbter Säulengang, in dem aber real eine Kaminöffnung eingebaut war. Auch die Flächen um die Fenster waren mit plastisch anmutenden Vorhängen und Bändern verziert.

Wegen des lange Zeit offen stehenden Daches haben die Fresken sehr gelitten und befinden sich nun in einem sehr schlechten Zustand.

Die von Vieregges besaßen Rossewitz von 1450 bis 1682, danach verwaltete es bis 1847 die herzogliche

Vietgest

*Vietgest,
Schloß vom Park aus
mit Blutbuchen
und Wasserbecken*

Kammer. Das neben dem Schloß liegende Gut war stets verpachtet. Nur selten ist das Schloß bewohnt gewesen, so daß schon 1893 berichtet wurde, daß die Decke des Saals beschädigt sei. Nach dem Krieg war auch dieses Schloß Unterkunft für Umsiedler. Zeitweise befand sich auch eine Schule darin. Die Nichtnutzung seit etwa 1971 und das Ausbleiben einer rechtzeitigen Instandsetzung führten zum Verfall des Gebäudes. Auch ein Nutzungsvorschlag von 1973 wurde nicht realisiert. Dieser sah damals vor, im Schloß Rossewitz ein Motel einzurichten, da die Autobahn Berlin – Rostock in nicht einmal fünf Kilometer Entfernung vom Schloß verläuft. Ob das neue Notdach und der Absperrzaun ein erstes Zeichen für eine beginnende Instandsetzung sind, werden die nächsten Jahre zeigen.

Ein etwas anderes, wenn auch ähnliches Schicksal hat das fünf Kilometer östlich von Rossewitz liegende Schloß Diekhof genommen. Am 4. Mai 1945 wurde das Barockschloß bis auf die Grundmauern zerstört. Nur ein von Unkraut überwachsener Schutthügel kennzeichnet heute seinen einstigen Standort. Das Schloß entstand zwischen 1732 und 1739 für Ludwig Achaz von Hahn (aus dem Haus Kuchelmiß). Der Name des Architekten ist nicht überliefert. Es soll ein Baumeister aus Schleswig-Holstein gewesen sein. Aus dem Nachbarland Mecklenburgs stammte auch die Gemahlin des Bauherrn, Georgina von Ahlefeld.

Zum Schloß gehörten zwei freistehende Seitenflügel. Im westlichen war der Marstall untergebracht, im östlichen hatte unter anderem auch die Schloßkapelle,

Rossewitz, Schloßruine von Nordosten

die erst am 6. November 1768 eingeweiht wurde, Platz gefunden.

Eingebettet in eine nord-süd orientierte, langgestreckte Parkanlage, lag quer dazu das Hauptgebäude des Schlosses. Die Seitenflügel bildeten nördlich vom Haupthaus einen großen Ehrenhof. Von ihm führt eine Lindenallee zu zwei bewohnten Häusern direkt an der Landstraße, die von der B 108 aus nach Güstrow führt. Hier signalisiert ein Obelisk, leider ohne Inschrift, die Besonderheit des Ortes.

Weit ab, westlich hinter dem Marstall, liegt noch heute der Wirtschaftshof des ehemaligen Gutes.

Schloß Diekhof war ein zweigeschossiges Bauwerk mit einem hohen Mansardendach. Dieses Dach hatte vier große Schornsteine und zwei Reihen unterschiedlich ausgeführter Mansardenfenster. Das Schloß war fünfzehn Achsen breit und durch Mittel- sowie Seitenrisalite gegliedert. Über den beiden dreigeschossigen Mittelrisaliten stand je ein Dreieckgiebel. Im Gegensatz dazu waren die vier Seitenrisalite nach oben durch Segmentbogengiebel abgeschlossen. Kolossalpilaster reichten vom Fries unter der Traufe bis zum Kellergeschoß hinab. In den Mittelrisaliten waren zwischen den Fensterachsen Säulen angeordnet, so daß das Schloß schon fast eine klassische Fassade hatte. Auf der Hofseite war der Mittelrisalit dreiachsig und hatte vier Säulen. Dagegen war das Dach auf dieser Schloßseite mit zwölf Mansardenfenstern versehen worden. Die Parkseite hingegen hatte auf dem Dach nur zehn Mansardenfenster, dafür aber einen fünfachsigen Mittelrisaliten mit sechs Säulen.

Im symmetrisch gegliederten Erdgeschoß lag ein Saal mit einer Holztäfelung von 1739. Erst 1766 wurden die Stuckarbeiten in den Zimmern ausgeführt. Stukkateur war G. N. Mez gewesen, der auch in Ratzeburg, Münster und Westfalen gearbeitet hatte. Zur Rokokoausstattung gehörte auch eine hölzerne Treppe, die zum Obergeschoß führte, wo die Bibliothek und der Weiße Saal, dieser mit einem Deckengemälde, lagen.

Die beiden freistehenden Seitenflügel des Schlosses bestanden bei genauerer Betrachtung aus je zwei zweigeschossigen, dreiachsigen und quadratischen Pavillons mit Mansardendach, die durch einen eingeschossigen Verbinder zum Seitenflügel komplettiert wurden. Komplett erhalten ist nur, wenn auch in einem erbarmungswürdigen, desolaten Zustand, der Marstall.

Der östliche Seitenflügel wurde schon Mitte der 60er Jahre abgetragen, jedoch blieb dessen südlicher Pavillon erhalten. Darin befindet sich die ehemalige Schloßkapelle. Restaurierungen Anfang der 50er Jahre und später haben dafür gesorgt, daß dieses Kleinod der Architektur erhalten blieb. Die kleine Kirche ist einschließlich des Deckenstucks ganz in Weiß und Gold gehalten. Es ist ein Werk des Meisters C. D. Holle. Von der Inneneinrichtung beeindrucken sowohl der in Mecklenburg selten anzutreffende Kanzelaltar als auch die Emporen. Einige Epitaphe aus dem 19. Jahrhundert lassen uns wissen, daß auch Diekhof einmal im Besitz der Familie von Bassewitz war. Graf B. F. A. von Bassewitz (1817–1892) hatte 1845 das Gut vom Vorbesitzer J. L. von Wallmoden gekauft.

Bauliche Probleme bereitete das Schloß schon früher. Bereits 1931 klagte A. F. Lorenz betreffs des Schlosses Diekhof: «. . . Hier ist das schöne Barockschloß in seinen oberen Teilen, insbesondere im Dach, durch Schwamm von völliger Zerstörung bedroht, wenn nicht bald etwas Durchgreifendes geschieht . . .». An der Bausubstanz geschah damals aber nichts. Dagegen wurde im Herbst 1933 das Gut Diekhof in 43 Bauernstellen aufgesiedelt.

Der gesamte Schloßbereich ist von hohen Linden gesäumt, die eine Fortsetzung der Zufahrtsallee sind. Im Park selbst ist nur noch die Lindenallee erhalten. Der Innenraum des Parks war früher mit Rasenflächen und Blumenbeeten gestaltet gewesen. Heute wird dieser Bereich von zwei Häusern mit Gärten eingenommen, die aus der jüngeren Geschichte Diekhofs stammen. Bei diesen Gebäuden stehen sehr alte Feldahornbäume. Am Südgiebel des Marstalls findet der Besucher zwei Trauereschen und eine schlecht gewachsene Pyramideneiche. Nur wenige Meter weiter südlich, aber westlich der Lindenallee, fristet die Ruine eines achteckigen, steinernen Pavillons ihr Dasein. Auch eine Roteiche und eine zweistämmige, gelbblühende Roßkastanie gehören zum alten Baumbestand des Parks. An einem Tümpel, in dem Unken leben, steht

Diekhof

Diekhof, Schloßkapelle von Süden

eine sehr große Weymouthskiefer, deren dünne, weiche Nadeln immer zu fünft in einem Büschel angeordnet sind. Der von Rotbuchen, Stieleichen, Ahornarten und einige Roßkastanien gebildete östliche Parkteil hat inzwischen waldartigen Charakter angenommen. An der Schloßkapelle bilden einige Taxusbüsche den Rest von der alten barocken Busch- und Heckenbepflanzung des Parks.

Auf dem Weg zum zehn Kilometer entfernten Matgendorf (Kr. Teterow) lohnt sich ein Abstecher nach Schwiessel. Dort lädt ein Gutshaus aus der zweiten Hälfte des 19. Jahrhunderts, versehen mit verschiedenen Stilelementen der Gotik und Renaissance, darunter gewaltigen Schornsteinen, zur Besichtigung ein.

Von Schwiessel sind es über die B 108 dann nur noch fünf Kilometer in Richtung Teterow, bis Matgendorf mit einem großen, gut erhaltenen Schloß erreicht ist. Es wurde zwischen 1852 und 1856 nach Plänen des Schweriner Hofbaurats Hermann WILLEBRAND für den Kammerherrn C. A. P. von der Kettenburg erbaut. Vorher stand an gleicher Stelle ein wohl barockes Schloß, das aber 1851 abgebrannt war.

Die Fassaden des Schlosses Matgendorf wurden 1985 renoviert und zeigen sich dem Besucher in einfachem Weiß. In gelben Farbtönen sind die Verzierungen davon abgesetzt. Hofbaurat WILLEBRAND hatte das Schloß im Stil der Neorenaissance entworfen. Das zweigeschossige Schloß erhebt sich über einem hohen Kellergeschoß. Es verfügt an der östlichen Seite über einen torartigen Rundbogeneingang, dies sowohl auf der Dorf- wie auch der Parkseite. Durch flankierende Säulenpaare und Volutengiebelaufsätze sind diese Eingänge besonders geschmückt. Das Schloß hat drei Risalite. Auf der Dorfseite ist der Risalit in der Mitte des Schlosses angeordnet, während die Parkfassade zwei Seitenrisalite aufweist. Die aus dem Baukörper des Schlosses heraustretenden Risalite sind durch farbig abgesetzte Lisenen vertikal gegliedert. Die Fenster der Risalite sind im Gegensatz zu den übrigen Fenstern des Schlosses als Rundbögen ausgeführt. Schöne, zum Teil mit Ornamenten verzierte Giebelaufsätze schließen die Risalite nach oben ab. Der am westlichen Ende gelegene Risalit hat im Erdgeschoß einen halbrunden, loggienartigen Balkon. Dieser war ursprünglich als vollverglaster Wintergarten gebaut und auch genutzt worden.

Von den glatt geputzten oberen zwei Etagen ist das Kellergeschoß des Schlosses durch Putznutung und einen dunkleren Anstrich deutlich abgesetzt. Der Ostgiebel ist mit zahlreichen schön gestalteten Wandsäulen, unterschiedlichen Fensterformen sowie Voluten und einem Treppengiebel verziert. Unterhalb dieses Giebels ist schon seit dem 19. Jahrhundert ein niedriger Wohnflügel an das Schloß angefügt.

Auch an der westlichen Giebelseite befand sich ursprünglich ein flach gedeckter, eingeschossiger Anbau. Von diesem führte an der südlichen Seite eine Treppe zum Park herab. Heute ist ein moderner, zweigeschossiger neuer Trakt, der als Schule dient, direkt am Westgiebel angebaut, denn das Schloß wird schon seit vielen Jahren als Krankenhaus und Schule für körperbehinderte Kinder genutzt. Unmittelbar südlich vor dem Schloß liegt eine Terrassenfläche, die durch eine steinerne Balustrade vom tiefer liegenden Park abgegrenzt ist. Unterhalb dieser Terrasse findet der Besucher einen in der jüngeren Vergangenheit gebauten, leicht gebogenen Pavillon, Spielgeräte und Bänke.

Ansonsten fällt es heute schwer, den ursprünglich angelegten englischen Landschaftspark zu entdecken. Wie so häufig in Mecklenburg sind Teile des Parks noch immer als Kleingärten genutzt, und nur alte Alleen und stattliche Einzelbäume lassen die alten Gliederungen erkennen. So führt auch in Matgendorf eine Lindenallee vom Schloßstandort zu einem Teich hin. Am Schloß selbst stehen starke Stieleichen, große Taxusbüsche, Blutbuchen und eine Roteiche. Wegen seiner weiß-grünen Fiederblätter fällt am Spielplatz ein panaschierter Eschenahorn auf. Etwas weiter westlich vom Schloß, zwischen Schuppen, Gärten und Holundergebüsch, kann man auch Tulpenbaum, rotblühende Roßkastanie und eine zweistämmige Edelkastanie finden.

An der Schloßzufahrt lassen zahlreiche Neupflanzungen von Rhododendron-, Taxus-, Weißzeder- und

Matgendorf, Schloß, Kasettendecke

Wacholderbüschen erkennen, daß man sich um den Bestand der Parkanlage direkt am Schloß gekümmert hat.

Zu den Nachbardörfern Matgendorfs gehört Tellow. Auch dorthin lohnt sich ein Abstecher. Das Tellower Gutshaus beherbergt das Thünen-Museum. Es erinnert an den Gutsbesitzer Johann Heinrich von Thünen (1783–1850), der zu Beginn des 19. Jahrhunderts durch ungewöhnliche, damals neue Betriebsorganisation und durch die Anwendung wissenschaftlicher Erkenntnisse auf seinem Gut die landwirtschaftliche Produktivität wesentlich erhöhte und damit von sich Reden machte. Ein Park mit beachtlichem dendrologischem Bestand (Hainbuchenlaubengang, gelbblättrige Eiche, einblättrige Esche, Wunderbuche u. a.) und der «Thünenstall», eine Gaststätte mit Wildspezialitäten, laden ebenfalls zum Besuch ein.

Nordöstlich von Matgendorf liegt an der Bahnstrecke von Teterow nach Gnoien das Dorf Groß Wüstenfelde. Dort steht, umgeben von einem großen runden Ringwall, der wahrscheinlich slawischen Ursprungs ist, ein zweigeschossiges Fachwerkhaus mit leicht überkragendem Obergeschoß und Walmdach. Es fällt auf, daß die Fenster im Fachwerk des Gutshauses recht unregelmäßig eingesetzt sind. Im Gegensatz zum Gutshaus selbst sind die Keller gewölbt, aus Feldsteinen gemauert. Diese stammen wohl noch von der ebenfalls innerhalb des Ringwalls angelegten frühdeutschen Burg. Für das Jahr 1283 ist ein Ritter von Schmecker (Smeker) auf Wüstenfelde genannt. Von der alten Burg sind in der ersten Hälfte des 19. Jahrhunderts bei Bauarbeiten große Mauerreste gefunden worden. Diese wurden damals abgetragen und die dabei gewonnenen Steine für weitere Bauarbeiten auf dem Gut wieder verwendet.

Das Gutshaus in Groß Wüstenfelde ist um 1700 in seiner heutigen Gestalt entstanden. Aus der gleichen Zeit stammen auch die vor dem Gutshaus liegenden, nun leider dem Verfall preisgegebenen Wirtschaftsgebäude.

Das Fachwerkgutshaus ist bewohnt, auch hat darin der Kindergarten des Dorfes Platz gefunden.

Der alte Ringwall hat einen Durchmesser von etwa einhundertzwanzig Metern und ist stellenweise noch sechs Meter hoch. Zwischen Gutshaus und Ringwall lag ursprünglich noch ein Graben, der, inzwischen sumpfig geworden, reichlich Eschen, Erlen und Holunder wachsen läßt. Nur an der Südseite ist der Wall durchbrochen, dort ist die Einfahrt zum kleinen Gutshof, der keinen Platz für einen Park bot.

Die Reise soll nun weiter nach Dargun gehen. Dabei kann man, durch die Ackerlandschaft des Kreises Teterow reisend, einige Dörfer aufsuchen, in denen große und kleine Gutshäuser stehen. Nordwestlich von Groß Wüstenfelde ist das beispielsweise Prebberede mit seinem großen, seit vielen Jahren in Rekonstruktion befindlichen Bassewitzschem Barockschloß (1772–1778). In Dalwitz, früher ebenfalls ein Besitz der von Bassewitz, findet man einen großen Gutshof des 19. Jahrhunderts mit einem rechtwinklig angelegten Gutshaus von 1855, mit einem Park und einer den Gutshof begrenzenden Torscheune. An der Straße zum Nachbardorf Alt Vorwerk stehen Windmühlen. In Alt Vorwerk ließ Hugo von Oertzen 1859 den Grundstein für das noch heute vorhandene Gutshaus legen. 1861 zog er dann in das vom Baumeister THORMANN erbaute Haus ein. Auch im benachbarten Boddin steht ein sehenswertes, klassizistisch anmutendes Gutshaus mit einem schönen Säulenportikus. Gleich daneben liegt ein kleiner Park mit Sicheltanne und Färbereichen.

Dann hat man bald Gnoien erreicht, und über die B 110 sind es nur noch fünfzehn Kilometer nach Südosten bis nach Dargun.

Von den wenigen in Mecklenburg und Vorpommern während der Zeit der Renaissance erbauten Vierflügelanlagen ist nur die von Dargun vollständig mit allen vier Flügeln erhalten geblieben. Am südlichen Stadtrand, nahe am Bahnübergang, steht das Darguner Schloß noch heute, wenn auch nur als Ruine.

Dargun ist ein alter germanischer Siedlungsplatz, der während der Völkerwanderung durch Slawen besiedelt wurde. Ihre durch Dänen zerstörte Burg ist

Matgendorf, Schloß, Parkseite

noch heute etwa einen Kilometer nordwestlich des Ortes erkennbar. Während der Herrschaft des dänischen Königs Waldemar I. ließen sich in Dargun Mönche aus Esrom nieder. In der Folge ist dann 1171 das Zisterzienserkloster Dargun gegründet und am 30.11.1173 durch Bischof Beno von Schwerin geweiht worden. Ab 1225 errichtete man das vierflüglige Kloster als Backsteinbau neu. Die erste steinerne Klosterkirche war schließlich 1260 fertiggestellt. Diese spätromanische Kirche ist jedoch zwischen 1464 und 1479 im spätgotischen Stil umgebaut worden. Ab 1490 begann der wirtschaftliche Niedergang des Klosters. Auf Befehl von Herzog Johann Albrecht I. von Mecklenburg wurde das Kloster 1552 säkularisiert. 1556 übernahm Herzog Ulrich von Mecklenburg-Güstrow das Kloster und ließ es zur Nebenresidenz ausbauen. Fast zur gleichen Zeit, ab 1558, ließ Ulrich auch in Güstrow das heute noch vorhandene Renaissanceschloß erbauen. So ist es nicht abwegig, daß Baumeister, Handwerker und Künstler aus Güstrow auch am Umbau des Klosters in Dargun beteiligt waren. Im Laufe von vielen Jahren wurden so die vier Flügel, eingeschlossen die Pfeilerbasilika des Zisterzienserklosters, zu einem Vierflügel-Renaissanceschloß umgebaut.

Gleiches geschah von 1580 bis 1587 übrigens auch in Franzburg (heute Kr. Stralsund) auf Geheiß des pommerschen Herzogs Bogislav XIII. mit dem dortigen Zisterzienserkloster Neuenkamp.

Schon am Ende des 16. Jahrhunderts waren an der Innenseite des auf diese Weise geschaffenen Schlosses Dargun auch Arkaden entstanden. Im Jahr 1611 übernahm Herzog Johann Albrecht II. die Herrschaft in Güstrow und setzte den Ausbau fort. Der östliche Flügel war 1616, der westliche 1618 fertiggestellt. Am Bau waren der Baumeister M. Falk und der Stukkateur D. Anckermann beteiligt. Letzterer hatte auch im Güstrower Schloß gearbeitet.

Während des Umbaus sind die ehemaligen Klostergebäude aufgestockt und die markanten Ecktürme errichtet worden. Zwischen 1617 und 1623 hatte man am Schloß auch einen Renaissancegarten angelegt, von dem wohl nur eine Gruppe alter Taxusbäume mit nun mächtigen Stämmen geblieben ist. Diese stehen südlich vom Schloß am barocken Teehaus, das um 1700 gebaut wurde.

Herzog Johann Albrecht II. hatte das Schloß Dargun für seine Gemahlin Elisabeth als Witwensitz vorgesehen. Da sie bereits 1625 verstarb und auch er selbst nur bis 1636 lebte, kamen die Bauarbeiten bald zum Erliegen. Während des Dreißigjährigen Krieges und auch 1676, als brandenburgische Truppen durch das Land zogen, wurde der Schloßkomplex in Mitleidenschaft gezogen. Danach wurden die Arbeiten am Darguner Schloß unter Beteiligung von Charles Philippe Dieussart fortgesetzt. Nun erhielten auch die anderen Seiten des Schlosses auf der Innenseite steinerne Arkaden. Der westliche Schloßflügel bekam zum Dorf hin eine sechzehn Achsen breite Schaufassade. Die Mitte bildete ein dreiachsiger Mittelrisalit mit Tordurchfahrt und Segmentbogengiebel.

Der verputzte Backsteinbau des Schlosses war vornehmlich in den Fassaden der Innenhofseiten durch Pilaster, Gesimse und mächtige Putzquaderungen an den beiden Tordurchfahrten verziert gewesen. Von beeindruckender Schönheit waren die umlaufenden Arkaden, deren beiden unteren Geschosse von Sandsteinsäulen, die obere von hölzernen Säulen getragen wurden.

Nach dem Tod des letzten Güstrower Herzogs, Gustav Adolf (1695), lebten noch seine Witwe und später seine Tochter im Schloß Dargun, dann wurde es still um diese Gemäuer.

1884 wurden schließlich die meisten Einrichtungsgegenstände ins Schweriner Schloß, später auch in das neue Jagdschloß Gelbensande (1886/87, Architekt G. L. Möckel) gebracht. Bereits 1873 hatte der «Landwirtschaftliche Verein» im Schloß Dargun die erste Ackerbauschule Mecklenburgs eingerichtet, die dort bis 1945 ihre Heimstatt hatte. Daneben waren in den vier Schloßflügeln auch eine Forstkasse, das Wohlfahrtsamt und einige private Wohnungen eingerichtet worden.

Das Ende des schönen Schlosses kam am 2. Mai 1945. Das Schloß brannte völlig ab. Die mangelhafte Sicherung der Brandruine führte dazu, daß bereits 1946 der Nordwestturm teilweise einstürzte. Auch die Notdächer über den Arkaden hielten nur bis 1948, so

Dargun

Dargun, Kirchruine

daß heute von dieser architektonischen Besonderheit an der Schloßruine Dargun nichts mehr zu sehen ist.

Südlich und östlich der Schloßruine weisen einige alte Bäume, darunter eine Platane, Schwarzkiefern und zwei Hainbuchen-Laubengänge, neben den schon erwähnten Taxusbäumen auf frühere, bessere Zeiten des Schlosses hin. Das aufgeräumte Gelände um das Schloß und auch die Sicherung der Ruine durch einen Zaun zeigen, daß es Bestrebungen gibt, die Ruine als Sehenswürdigkeit für die Besucher der Stadt angemessen zu erhalten.

Das große Gebäude links vor der Schaufassade des Schlosses ist das Brauhaus (Kornhaus) des Klosters. Einige Teile dieses Hauses wurden schon im 13. Jahrhundert gebaut.

Von Dargun geht es nun über Neukalen in Richtung Malchin durch die reizvolle Landschaft der Mecklenburger Schweiz nach Süden. Nach siebzehn Kilometern Fahrt durch ein bergiges Gelände mit beachtlichen Steigungen und schönen Buchenwäldern (Landschaftsschutzgebiet) erreicht man bei Pisede die B 192.

Von dort sind es nur noch zwei Kilometer bis zum benachbarten Dorf Remplin.

Remplin

In Remplin wurde in der Mitte des 18. Jahrhunderts für die Familie von Hahn eine große barocke Dreiflügelanlage errichtet. Vom Dorf und der umliegenden Landschaft war das Schloß durch eine Mauer abgetrennt, von der heute noch der dreigeschossige Torturm erhalten ist. Das Schloß selbst sucht man jedoch vergeblich, es brannte 1940 ab. Auf Befehl des Gauleiters der NSDAP von Mecklenburg, F. Hildebrandt, und des Landrates von Malchin durfte damals die Malchiner Feuerwehr nicht ausrücken, um das (wahrscheinlich gelegte) Feuer zu löschen. Besitzer des Schlosses Remplin war der Herzog von Mecklenburg-Strelitz, dessen Familie wegen ihrer Verbindungen zu europäischen Königshäusern auch schon anderen Repressalien ausgesetzt gewesen war.

Vom Schloß ist wegen dieses Brandes nur der Nordflügel erhalten. Allerdings sind an diesem Bauwerk keine Elemente des früheren Barockschlosses mehr zu erkennen. Großherzog Georg von Mecklenburg-Strelitz hatte das Schloß 1865/66 nach Plänen des Berliner Architekten Friedrich HITZIG (1811–1881) umbauen lassen.

Die ersten Baupläne dazu lagen bereits 1851 vor. Auf sie konnte sich daher Peter Joseph LENNÉ stützen, der für den Großherzog Umgestaltungspläne für den damals vorhandenen Barockpark lieferte.

Unter Friedrich II. von Hahn (1742–1802) war ursprünglich ein typischer Barockpark mit langen Lindenalleen, Wasserläufen und Blumenbeeten angelegt worden. In der südöstlichen Ecke dieses Parks, am Rand eines Kanals, hatte Friedrich von Hahn 1793 die erste Sternwarte Mecklenburgs bauen lassen, in der er selbst astronomische Studien betrieb. Die Sammlung optischer Geräte war damals sehr berühmt. Wegen seiner wissenschaftlichen Leistungen ist 1834 ein Mondkrater als «Ringgebirge Hahn» nach ihm benannt worden. Das Gebäude der Sternwarte wurde im April 1945 beschädigt. Seit 1979 arbeitet eine Interessengemeinschaft der Archenholdsternwarte Berlin jeweils nur im Sommer daran, dieses historische, runde Bauwerk wieder als (Schul-) Sternwarte erstehen zu lassen.

Neben Schloß und Sternwarte waren im 18. Jahrhundert auch andere Sehenswürdigkeiten Remplins weit bekannt. Dazu gehörte zwischen 1781 und 1787 eine Glashütte, die auch geschliffene Glaswaren herzustellen vermochte. Im Schloß des Friedrichvon Hahn gab es auch ein chemisches Laboratorium und eine umfangreiche Bibliothek. In mehreren Gewächshäusern wurden Pflanzen kultiviert, die noch heute einem Botanischen Garten zur Ehre gereichen würden. Dazu gehörten verschiedene Arten der Passionsblume, Drachenbaum, Japanische Kamelie, Pistazien, Baummelone (Papaya) und auch Bananen.

An dieser Stelle sei auf zwei Nachkommen Friedrich II. von Hahn, der 1802 in den erblichen Grafenstand erhoben wurde, hingewiesen. Sein Sohn Karl Friedrich Graf von Hahn (1782–1857) machte sich einen Namen als «Theatergraf». Die Theateraufführungen in Remplin waren damals berühmt. Dort spielten auch August Wilhelm Iffland und Friederike Bethmann. Wegen dieser «ausschweifigen und teuren» Passion wurde Karl Friedrich 1808 durch seine Familie

Dargun, Schloßruine, Westseite mit Tor

faktisch enterbt und zog danach selbst als Direktor einer fahrenden Schauspielertruppe durch Deutschland. Seine Tochter war die später als Romanautorin bekannte Gräfin Ida Hahn-Hahn.

Im etwa acht Hektar großen Park beeindrucken noch heute die um 1790 gepflanzten engen Lindenalleen, zwischen denen sich weite Rasenflächen erstrecken, die zur Barockzeit mit Blumenbeeten, Irrgärten und Hecken besetzt waren. Lenné hatte diese in seinem Umgestaltungsplan von 1851 fortgelassen und an ihrer Stelle ein Netz von geschwungenen Wegen angelegt, dabei aber die alten Alleen und feldsteingefaßten Wasserläufe belassen. Er wollte den Park auch weiter nach Westen erweitern, was jedoch nicht realisiert wurde. Der von Lenné umgestaltete östliche Parkbereich kann heute wieder in Augenschein genommen werden, denn dieser durch starke Buchen und Eichen gebildete Parkteil ist in den Jahren 1988/89 aufgeräumt und durchforstet worden. Unter den Bäumen wachsen hier zwei krautige Pflanzen, die üblicherweise in Parkanlagen wildwachsend nicht zu finden sind. Im Frühjahr blüht gelb und flächendeckend die Gemswurz. Etwas später im Jahr kann man im Park dann die Blüten des Braunen Storchschnabels *(Geranium phaeum)* finden.

An Stelle des Schlosses, das seine Breitseite zum Park gerichtet hatte, steht seit 1990 ein langgestrecktes, eingeschossiges Gebäude, in dem unter anderem eine Kegelbahn eingerichtet werden soll. Etwa auf der Stelle des südlichen Seitenflügels sind schon vor längerer Zeit die Schulgebäude des Dorfes Remplin erbaut worden.

Deshalb steht auch ein Teil einer vierreihigen Allee von Eschen auf dem Schulhof. Bei diesen Bäumen sind die Kronen gestutzt, wie man es sonst nur von Weiden und Linden kennt. Diese vier Baumreihen führen von der südlichen Lindenallee rechtwinklig nach Süden und erreichen auf einem ehemals runden Plateau die von Niedermoorwiesen geprägte Landschaft zwischen Malchiner und Kummerower See.

Der nördliche, erhaltene Schloßflügel mit seiner imposanten Putznutung ist bewohnt, auch der Kindergarten fand darin Platz. Mit zwei mehrstöckigen Wohnhäusern, Garagen und Schuppen ist heute der

Remplin

Remplin, barocker Torturm vom Schloßhof aus

Remplin, Lindenallee im barocken Teil des Parks

ehemals freie, nach Westen gerichtete und mit Bäumen bestandene Ehrenhof bebaut.

Von den historischen Fachwerkgebäuden in der Nachbarschaft des Schlosses sind die quadratische Gutskapelle und das zweigeschossige, zehnachsige Verwalterhaus erhalten.

Im Gebiet um den Malchiner See liegen einige Dörfer, in denen noch heute große Schlösser und kleinere Gutshäuser stehen. Dazu gehört Basedow mit dem Stammschloß der Familie von Hahn, das auch wegen seiner Pferdezucht in ganz Europa bekannt war. Der von P. J. LENNÉ entworfene große Park ist in den zurückliegenden Jahren nach Plänen von St. PULKENAT (Gielow) wieder als sehenswerter Landschaftspark hergestellt worden.

Von Remplin aus lohnt es sich, am westlichen Ufer des Malchiner Sees über Wendischhagen zum nächsten Reiseziel, Burg Schlitz, zu fahren oder zu wandern. Dabei durchquert man die Dörfer Bristow, Bülow und Schorssow, in denen ebenfalls kleine Schlösser mit Parkanlagen zu finden sind. Wenn dann die B 108 bei Ziddorf erreicht ist, sind es noch einmal fünf Kilometer nach Norden, in Richtung Teterow, bis zum Parkplatz am Gasthaus «Zum goldenen Frieden».

Burg Schlitz ist nicht etwa ein mittelalterliches, wehrhaftes Gemäuer, sondern ein klassizistisches Schloß von besonderem Gepräge.

Es liegt zehn Kilometer südlich der Kreisstadt Teterow, nicht weit von der B 108 entfernt, die Teterow mit Waren verbindet. Der Gasthof «Zum goldenen Frieden» (1819), die ehemalige Gutsschmiede (1832) mit einem auffällig verdrillten Schornstein (Heimat-

Remplin, Schloß, Hofseite des Nordflügels nach HITZIGS Umbau

Burg Schlitz, Schmiede

stube), sowie ein steinerner Obelisk neben der Bushaltestelle zeigen an, wo der Aufgang zum Schloß ist. Dorthin führt, leicht ansteigend, eine schöne Lindenallee, die man zu Fuß passieren muß, da der Weg zum Schloß für Fahrzeuge gesperrt ist. Die Hauptfassade des Schlosses ist nach Südosten gerichtet und dicht an einem Steilhang gelegen. Das Schloß erweist sich als dreiteiliger Bau. Es erscheint aber eher wie drei nebeneinanderliegende, zweigeschossige große Villen, die durch eingeschossige, flachgedeckte Galerien miteinander verbunden sind. Die Fassaden sind glattgeputzt und durch Gesimse und unterschiedliche Fenstergrößen in den beiden Etagen gegliedert. Das Kellergeschoß ist durch Putznutung verziert. Ein halbrunder dreigeschossiger Vorbau, der mit zwei hohen ionischen Säulen und einem kurzen Altan versehen ist, hebt den mittleren Teil des Schlosses deutlich hervor. Zwei bronzene Löwen flankieren die steile Treppe, die zum Portal hinaufführt. Hier kommt der Besucher allerdings nicht weiter, denn seit 1955 ist im Schloß das Kreispflegeheim Teterow untergebracht. Aus diesem Grund sind Besichtigungen des Inneren nicht möglich. Mehrere Räume des Schlosses sind restauriert (1953–62), in originalem Zustand erhalten.

Die beiden seitlichen Bauten haben an ihren Breitseiten dreiachsige Mittelrisalite mit Giebeldreieck. Ihre Giebelseiten hingegen ordnen sich ganz der Dominanz des Mittelbaus unter. So wie sich die äußere Gestalt des Schlosses deutlich von den anderen Schlössern Mecklenburgs unterscheidet, so bemerkenswert ungewöhnlich ist auch die Baugeschichte des Schlosses und des sechzig Hektar großen Parks.

Unterhalb vom Schloß liegt das Dorf Karstorf, das bis ins 18. Jahrhundert Lehngut der Familie von Osten war. Diese hatten im Mittelalter bereits eine Burg errichtet und später in ein herrschaftliches Wohnhaus umgebaut, was jedoch 1709 abbrannte. 1787 erwarb Joachim Johann Heinrich von Müller das Gut. Jedoch wurde das heruntergekommene Gut von ihm nicht lange bewirtschaftet, sondern schon 1791 an den Baron Hans von Labes verkauft. Dieser wollte sich nach Jahren diplomatischer Tätigkeit für den preußischen König der Landwirtschaft zuwenden. Auf dem Reichstag von Regensburg hatte er die Bekanntschaft des Grafen Johann Eustachius Graf von Schlitz (genannt Görtz) gemacht, der Minister des Preußenkönigs Friedrich II. gewesen war. Es muß wohl mehr als nur Verständnis zwischen den beiden Männern gegeben haben, denn weil Graf Schlitz keine Söhne hatte, adoptierte er Hans von Labes. König Friedrich Wilhelm II. von Preußen erhob auch ihn 1793 in den erblichen Grafenstand.

Hans von Labes-Schlitz heiratete am 12. März 1794 schließlich Luise Caroline von Schlitz, die faktisch seine Schwester war.

Schon 1791 hatte Hans von Labes-Schlitz Karstorf zu seinem Wohnsitz gewählt und die Bewirtschaftung des Gutes in eigene Hände genommen. Durch Einführung effektiver Produktionsmethoden (Bau neuer Wirtschaftsgebäude, holsteinische Koppelwirtschaft, Düngereinsatz usw.) wurde bald Gewinn erwirtschaftet. Er siedelte auch mehrere Familien in der ehemaligen Meierei Hütten (Glashütte!) westlich von Karstorf an und gab ihr 1801 zum Andenken an seinen Schwieger- und Adoptivvater den Namen Görzhausen. Gemeinsam mit dem Rostocker Professor Franz Karsten gründet Graf Schlitz 1798 die «Mecklenburgische Landwirtschaftsgesellschaft», zu der auch später J. H. v. Thünen auf Tellow gehörte. Erst nach fünfzehn Jahren landwirtschaftlicher Tätigkeit wandte sich Hans Graf von Schlitz dem Bau eines neuen Wohnhauses zu. 1806 erhielt er dazu Vorschläge vom Berliner Hofrat Otto Hirth, die er selbst wesentlich überarbeitet und dann gemeinsam mit dem Baumeister Friedrich Adam Leiblin umsetzte.

Wegen der Wirrnisse während der französischen Fremdherrschaft fand die Grundsteinlegung für den nordöstlichen Teil des Schlosses erst 1811 statt. 1816 war dann auch der südwestliche Flügel fertiggestellt. Durch Genehmigung des mecklenburgischen Landesherrn durfte das Schloß seit dem 17. 1. 1817 Burg Schlitz genannt werden. Aber erst 1823 stand das Schloß vollendet am südwestlichen Rand der Mecklenburger Schweiz. Der mittlere Trakt enthielt die Räume für Empfänge (Rittersaal), der nordöstliche Flügel war für Gäste vorgesehen. Im südwestlichen Flügel wohnte die Familie des Bauherrn.

Burg Schlitz, Nymphenbrunnen im Park

Zwischenzeitlich wurde Graf Schlitz von Herzog Carl von Mecklenburg-Strelitz auch wieder mit diplomatischen Missionen betraut. So nahm Graf Schlitz auch 1814/15 am Wiener Kongreß teil.

Gleichzeitig mit dem Schloßbau entstand ein Landschaftspark, wie er einige Jahre später in ganz Deutschland Mode werden sollte. Eingebettet in die hüglige Landschaft der Mecklenburger Schweiz, enthält der Park auf diese Weise natürliche, kleine Teiche, Laubwälder und Wiesenpartien. Nur am Steilhang, direkt vor der Front des Schlosses, sind in der Vergangenheit spezielle Parkgehölze gepflanzt worden, von denen Ginkgo, Edelkastanien, Tulpenbaum, Riesenlebensbaum, Silberlinde, Blutbuche und schlitzblättrige Buche genannt werden sollen. Neben dem stattlichen Ginkgobaum stand bis etwa 1983 die größte Libanonzeder Mecklenburgs. Ein Sturm machte ihr schließlich den Garaus, nur der Stumpf ist geblieben. Zu den Besonderheiten im Park Burg Schlitz gehören eine Vielzahl von Denkmalen (ursprünglich 36). Überwiegend aus Findlingsmaterial gefertigt, sind es steinerne Obeliske, Kreuze, Säulen, aber auch ein Sarkophag und das pylonenartige Eingangsportal (datiert MDCCCXXV) des im Park gelegenen Friedhofs. Die meisten Denkmale sind mit Inschriften, oft in lateinischer Sprache, und den Jahreszahlen ihrer Entstehung versehen. Selbst der Mittelbau des Schlosses hatte einst einen aus Holz gefertigten und mit Blech verkleideten zwölf Meter hohen Obelisken auf dem Dach. Zu den Denkmalen im Park gehört auch die 1822 errichtete kleine neogotische Kirche westlich des Schlosses, die zum Andenken an die Adoptivmutter des Grafen Schlitz gebaut worden ist. Bemerkenswert sind gußeiserne Säulen, die das Portal der Kirche verzieren.

Graf Schlitz starb am 25. 7. 1831 auf seiner «Burg». Nachfolger im Besitz wurde sein Schwiegersohn Graf H. A. B. v. Bassewitz, der auch seinen Namen übernahm. Die Grafen von Bassewitz-Schlitz blieben auf Burg Schlitz bis 1930. Danach erwarb der Direktor der Deutschen Bank und Vizepräsident des Reichstages, von Strauß (Berlin), das Anwesen. Während dieser Zeit gelangte auch der 1903 vom Berliner Bildhauer

Burg Schlitz, Südseite des Schlosses

POSTERITATI H. COMES SCHLITZ MDCCCXX

Walter SCHOTT geschaffene Nymphenbrunnen, der eine vollkommene Leistung des Jugendstils ist, in den Park. Er war ursprünglich für das Kaufhaus Wertheim in Berlin angefertigt worden.

Wer gut zu Fuß ist, sollte den kurzen Weg zum westlich von Karstorf liegenden Rötelberg nicht scheuen. Ein zauberhaftes Panorama bietet sich von dort auf Äcker, Wälder und Koppeln mit alten Eichen.

Ein anderer, nicht minder interessanter Park liegt in Blücherhof, zehn Kilometer südlich von Burg Schlitz. Dazu muß man von der Landstraße B 108 nach Klocksin einbiegen. Schloß und Park Blücherhof findet man dann zwei Kilometer weiter südlich.

In Blücherhof kann ein Gut des 20. Jahrhunderts in selten schöner Geschlossenheit besichtigt werden. Der Gutshof mit Stallungen, Wirtschafts- und Wohngebäuden und einer großen Schnitterkaserne liegt unmittelbar neben dem Schloß. Alle Gebäude sind im neobarocken Stil ausgeführt. Aber leider ist der Erhaltungszustand vieler Bauten sehr schlecht.

Der Schloß- und Parkbereich wird durch Zäune und zwei 1908 in Godesberg am Rhein gefertigte, hohe, eiserne Rokokotore von Dorf und Gutshof getrennt. 1982 sind diese Tore in Schwarzheide repariert und konserviert worden, zeigen sich daher in bestem Zustand. Wie der Gutshof und die Eingangstore ist auch das Schloß im Neobarockstil ausgeführt. Die Hofseite des Schlosses wird durch einen auffälligen, fünfseitigen Mittelrisaliten bestimmt, der über dem Haupteingang einen verglasten, eisernen Baldachin hat. Eine breite, geschweifte Kuppel überdacht den Risaliten. Weitere Gestaltungselemente an diesem Teil des Schlosses sind ein Wappenfeld, Säulen neben der Tür und Putzschmuck um die Fenster. Im Vergleich zu diesem Risaliten ist unschwer zu erkennen, daß die übrige Schloßfassade nicht mehr original erhalten ist. Umbauarbeiten, die von der Firma C. ARFERT (Waren) in den Jahren 1965–1970 ausgeführt wurden, haben vor allem das barocke Mansardendach erheblich verändert. Dadurch entstand das heute zweigeschossige Haus, an

Blücherhof

Blücherhof,
Schloß, Südseite,
Mittelrisalit mit Kuppel
und Baldachin
über dem Portal,

Blücherhof,
Eisernes Tor,
zum Schloßbereich
von 1908
vom Schloßhof aus

dem nur noch kurze Wandsäulen erkennen lassen, daß das Schloß ehemals eingeschossig war. Früher waren nur die beiden äußeren Achsen zweigeschossig. Dazu gehörten auch die Rundbogenfenster, die heute noch in der Schloßfassade zu erkennen sind. Beim Umbau wurde ebenfalls die an der südlichen Giebelseite gelegene Veranda aufgestockt, um mehr Platz für das Kinderheim im Schloß zu schaffen. Einen Eindruck von der alten Schloßfassade vermittelt heute noch ein Mosaik über dem Kamin in der Eingangshalle des Schlosses.

Sowohl an den eisernen Toren, als auch am Schloßportal finden sich die Initialen A M K. Sie sind die Kürzel für Alexander und Margarethe Koenig. Im Jahr 1904 kaufte der Privatgelehrte Prof. Dr. Alexander Koenig (1858–1940) aus Bonn das Gut Blücherhof. A. Koenig war in Petersburg als Sohn des Zukkerfabrikanten Leopold Koenig zur Welt gekommen. Nachdem die Familie nach Bonn am Rhein übergesiedelt war, studierte Alexander Koenig nach Schulbesuch und nicht bestandenem Lateinabitur von 1880 bis 1884 in Greifswald, Berlin, Kiel und Marburg Zoologie. Zwischendurch legte er 1882 in Demmin (Vorpommern) die Abiturprüfung erfolgreich ab. Mit einer Dissertation beendete er 1884 seine kurze akademische Ausbildung und arbeitete fortan als Privatgelehrter. Zahlreiche Forschungsreisen führten ihn sowohl nach Nordafrika als auch nach Spitzbergen. Er betrieb überwiegend ornithologische Studien, die in umfangreichen Publikationen gedruckt erschienen.

A. Koenig war auch der Bauherr des Schlosses Blücherhof. Nachdem er 1904 das Gut erworben hatte, wurde das alte Gutshaus in Blücherhof nach Plänen seines Schulfreundes aus der Demminer Zeit, dem Berliner Architekten Gustav HOLLAND, umgebaut. G. HOLLAND entwarf auch die Wirtschaftsgebäude auf dem Gut Blücherhof.

Seinen Hauptwohnsitz hatte Alexander Koenig in Bonn. Dort ließ er ab 1912 einen Museumsbau für seine zoologische Privatsammlung errichten, bei dem Planung und Bauleitung ebenfalls in den Händen von Gustav HOLLAND lagen. Noch heute existiert diese Sammlung als «Zoologisches Forschungsinstitut und Museum Alexander Koenig».

Ulrichshusen, Burgruine mit Treppenturm und Torhaus

Neben seinem Interesse für Zoologie begeisterte sich Koenig auch für die Jagd. So ist es wohl nicht verwunderlich, daß er auf seinem Gut Blücherhof neben Hirschen auch Sibirische Rehe im Wildgatter hielt, hinzu kam 1932 auch eine Herde von Mufflons. Er war aber auch dendrologisch interessiert. Mit Hilfe des befreundeten Gartenarchitekten G. Kuphalt, der bis 1914 Stadtgartendirektor in Riga gewesen war, legte er in einem etwa acht Hektar großen, mit Buchen, Stieleichen und Birken bestandenen alten Park eine Baumsammlung (Arboretum) an. Im Vordergrund stand hier nicht die Ästhetik des Parks schlechthin, sondern die Wirkung der verschiedenen Baumarten und -sorten. Als Solitäre oder in Gruppen gepflanzt, bildeten sie den Grundstock für den heute vorhandenen Park. Dieser ist in den zurückliegenden Jahren rekonstruiert worden, wobei die Wege instandgesetzt und auch die Teiche entschlammt wurden. Von ehemals im Park vorhandenen einhundertfünfzig Arten und Sorten kann man heute noch fünfzig Koniferen- und siebzig Laubholzarten finden. Dazu gehören zu beiden Seiten des Schlosses stattliche Eschen, Magnolien, Eichen und auch Koniferengruppen. Neben dem aus Feldsteinen errichteten Eiskeller wachsen zwei Ginkgobäume. Weiter nördlich davon sind zahlreiche Rhododendronbüsche gepflanzt, die besonders im Mai und Juni der Anlage einen schönen Blütenschmuck geben. Mitten im Park bilden, etwas versteckt, acht Winterlinden ein Rondell. Gleich daneben steht eine seltene Form der Blutbuche. Bei diesem Exemplar haben die roten Blätter einen rosafarbenen Rand *(Fagus sylvatica f. roseomarginata)*. Im westlichen Teil des Parks liegt der Karpfenteich. Dort kann sich der Besucher in einem kleinen Pavillon an Schautafeln über den Park informieren. Dicht neben diesem Pavillon gedeihen die übermannshohen Pflanzen des Bärenklaus. Am anderen Ufer des Teichs können sechzehn Stämme der Kaukasischen Flügelnuß gezählt werden. Daneben sind aber auch seltene Baumarten wie Mädchenkiefer, Goldkiefer, Korkbaum, Schirmtanne, Mammutbaum, Silbertanne, Fächerahorn oder Zaubernuß zu finden.

Auf dem Weg von Blücherhof zum Schloß Torgelow bei Waren kann man sowohl zum Gutshaus und der Kastanienallee von Moltzow als auch zur Burgruine Ulrichshusen einen Abstecher machen, ohne sich zu weit von der Route zu entfernen. Von Waren an der Müritz sind es auch nur zehn Kilometer bis zum Neorenaissanceschloß Klink, das ebenfalls zur Besichtigung empfohlen werden kann.

Torgelow

Acht Kilometer in nordöstliche Richtung sind es von Waren bis nach Torgelow am gleichnamigen See. Dort wurde 1905/06 für den Kammerherrn von Behr-Negendank ein kleines Schloß gebaut. Architekt war Otto March. Schloß Torgelow mußte neugebaut werden, weil das alte Schloß bereits im Mai 1848 abgebrannt worden war. Aufgebrachte Tagelöhner und Chausseearbeiter hatten damals vom Gutsbesitzer Lohnnachzahlungen eingefordert. Als ein Kriminalbeamter aus Bützow und Dragoner nach Torgelow in Marsch gesetzt wurden, um Untersuchungen gegen die Landarbeiter einzuleiten, kam es zum offenen Aufruhr. Dieser endete damit, daß die Dragoner vertrieben und das Torgelower Schloß niedergebrannt wurden.

Die äußeren Formen des neuen Schlosses sind schlicht, doch verleihen geschweifte Giebel, die säulengeschmückte Unterfahrt vor dem Haupteingang, zwei Türme sowie ein Mansardendach dem Schlößchen Merkmale des Neobarock. Unregelmäßig ist der Grundriß des Hauses durch eine Veranda an der Seeseite und die halb ins Haus eingelassenen Türme. Die innere Gliederung des Hauses war ausgelegt für den Empfang von vielen Gästen. Ein Vorraum und eine weite Diele mit einem Kamin im Barockstil, ein großes Kleiderzimmer für die Garderobe der Gäste dienten ebenso dazu wie der Saal hinter der Diele. Das in einer Ecke des Schlößchens liegende Speisezimmer hatte dementsprechend auch eine Fläche von siebenundfünfzig Quadratmetern. Im Erdgeschoß war zum See hin ein Teezimmer angeordnet. Schlafzimmer, Kinderzimmer und Räume für Gäste lagen im oberen Geschoß. Auch unter dem hohen Mansardendach hatte

man Gästezimmer vorgesehen. Wie üblich lagen im Kellergeschoß die Wirtschaftsräume. Dazu gehörte die Küche, die über einen Aufzug mit der Anrichte neben dem Speisezimmer in Verbindung stand. Weiterhin waren im Keller die Waschküche, Räume für die Wasserversorgung und für die im Schlößchen installierte Gasbeleuchtung untergebracht. Schloß Torgelow verfügte bereits damals über einen Personenaufzug

Die Baukosten für das Schloß betrugen «nur» 195000 Mark. Bisher wurde das Schloß als zentrale Schulungsstätte der Staatlichen Versicherung (jetzt Allianz-Deutsche Versicherungs-AG) genutzt. Im Sommer 1994 wurde im Schloß das erste private Internatsgymnasium Mecklenburg-Vorpommerns eröffnet.

Weit ab vom Gutshof liegt das Schloß inmitten eines Parks. Das Seeufer ist durch eine hohe Steinmauer eingefaßt, so daß Besucher wie von einer Terrasse aus auf den See schauen können. Dabei fallen zwischen März und August zahlreiche Kormorane auf, die, gleich fliegenden schwarzen Kreuzen, gut zu erkennen sind. Diese Fisch fressenden Vögel brüten am Torgelower See in einer großen Kolonie, die vom Schloßpark von Groß Gievitz aus gut zu beobachten ist.

Der Baumbestand am Schloß Torgelow weist unter anderem Tannenarten, Magnolien, Taxusbüsche in verschiedenen Wuchsformen, Platanen, Kieferngruppen und Neupflanzungen von Linden auf. Einige Wiesen, Blumenbeete und gut begehbare Wege lockern das Parkbild auf.

Südwestlich, ganz nah am Schloß, ist eine viereckige Erhöhung zu finden, auf der alte Winterlinden und eine Platane stehen. Diese etwa zwei Meter über dem allgemeinen Parkniveau liegende Fläche ist eine noch heute an zwei Seiten von Wassergräben umgebene mittelalterliche Burgstelle.

Wohl auch aus dem Mittelalter stammen zahlreiche stattliche Stieleichen («Starkeichen») in der Umgebung des schon erwähnten Nachbardorfes Groß Gievitz, das ebenfalls über einen sehenswerten Park mit einem kleinen Schloß (Schule) verfügt.

Die nächsten Reiseziele liegen an der Landstraße, die von Groß und Klein Plasten in Richtung Stavenhagen führt. Dorthin gelangt man über die B 192. Am Bahnübergang bei Klein Plasten muß abgebogen werden.

Torgelow, Schloß

Varchentin

Nach sieben Kilometern Fahrt in Richtung Stavenhagen ist Varchentin erreicht. In diesem Dorf wurde um 1847 für den Hamburger Bankier Gottlieb Jenisch ein Schloß errichtet. Architekt des im Tudorstil erbauten großen Schlosses war der Schweizer August de MEURON (1813–1898).

Der gute Erhaltungszustand des Schlosses ist darauf zurückzuführen, daß dieses Schloß seit 1980 zu einer Bildungseinrichtung der Forstwirtschaft ausgebaut wurde. Gegenwärtig wird im «Landschloß Varchentin» ein Hotel betrieben.

Kein Geringerer als P. J. LENNÉ hatte schon 1838 für G. Jenisch einen Plan für einen Landschaftspark entworfen. In diesem Landschaftspark bilden noch heute große Wiesenflächen, ein See, einige Baumgruppen und Einzelbäume die Hauptgestaltungselemente. Eine alte Gutsgärtnerei, ebenfalls im neugotischen Stil errichtet, soll, da sie unmittelbar am Nordrand des Parks liegt, auch Erwähnung finden.

Nur fünf Kilometer weiter in Richtung Stavenhagen, liegt an der noch schmalen Ostpeene Kittendorf.

Schloß Kittendorf kann als Musterbeispiel für viele Schlösser und Gutshäuser gelten, die um die Mitte des 19. Jahrhunderts in den Dörfern Mecklenburgs entstanden. Die Nachahmung der englischen Tudorgotik im Schloßbau (flachgedeckte Gebäude, Zinnenkränze an den Mauerkronen und meist vieleckige Türme) war im 19. Jahrhundert zur verbreiteten Modeerscheinung geworden.

In diesem Stil ließ auch Hans Friedrich von Oertzen (1816–1902) zwischen 1848 und 1853 das Schloß Kittendorf nach Plänen von Friedrich HITZIG errichten. Die Baudaten sind in eine steinerne Treppenstufe des Haupteinganges an der Ostseite des Schlosses eingemeißelt. Bei genauer Betrachtung hat dieses Schloß zwei Hauptfassaden. Zum einen ist es die Zufahrtsseite, die nach Osten zur Dorfstraße und zum Wirtschaftshof zeigt, zum anderen ist es die nach Süden gerichtete Parkseite des Schlosses.

Die Ostfassade wird bestimmt durch einen dreiachsigen Risaliten mit dem Haupteingang hinter einer gedeckten Unterfahrt, über deren Säulenbau ein Altan gebaut ist. Ein oktogonaler, fünf Geschosse hoher, schmaler Turm mit Zinnenkranz an der südöstlichen Ecke des Schlosses ist das Bindeglied zwischen Ost- und Südseite des Schlosses.

Auch in der Südfassade bestimmt ein dreiachsiger Risalit, der von schmalen Türmchen seitlich begrenzt wird, das Gesicht des Schlosses. Über den Fenstern dieses Risaliten ist das Wappen der Familie von Oertzen, zwei geharnischte Arme, deren Hände einen Ring halten, als Schmuck angebracht. An den Risaliten schließt sich nach Westen die eingeschossige Orangerie an. HITZIG (1850/67) nannte dieses mit vier hohen, jetzt vermauerten Fenstern versehene Gewächshaus «Blumenhalle».

Von der Südseite des Schlosses breitet sich eine große Terrasse aus. Eine hohe Feldsteinmauer mit Balustrade trennt die Terrasse vom tiefer liegenden Park. Vor dem Risaliten führt schließlich eine breite Treppe zum südlichen Parkbereich hinab. Durch diesen fließt, noch klein und bescheiden, die Ostpeene, die im Park zu einem Teich aufgestaut wird.

Der Park, ursprünglich als Landschaftspark angelegt, liegt südlich und westlich vom Schloß. 1988/89 wurde er durchgreifend erneuert. Dabei wurde eine Menge von wildgewachsenen Bäumen und Gebüschen entfernt, Unrat beseitigt und nach den Rodungen großräumig Rasen angesät. Auf diese Weise haben zahlreiche alte Baumgruppen und Einzelbäume ihre vorgesehene dominierende Stellung und Bedeutung wiedergewonnen.

Am Fuß der Terrasse erstrecken sich jetzt auch wieder Blumenbeete. Dendrologische Raritäten sind im Park Kittendorf jedoch kaum zu finden. Westlich vom Schloß sind zwei vierreihige, rechtwinklig zueinander verlaufende Sommerlindenalleen jedoch schon bemerkenswert. Eine davon ist etwa dreihundert Meter lang und bildet gleichzeitig die nördliche Parkgrenze. Nicht weit vom Schloß entfernt, am Anfang der langen Lindenallee, ist eine Schlitzblättrige Sommerlinde *(Tilia platyphyllos f. laciniata)* gepflanzt, die in mecklenburgischen Parkanlagen zu Recht als Rarität bezeichnet werden kann.

Auf dem Hang vor der Ostfassade des Schlosses

Varchentin, Schloß, Parkseite

Varchentin,
Schloß,
Kamin in der Halle

bestimmen jetzt zwei große Lindengruppen das Bild. Eine aus Feldsteinen und gebrannten Formsteinen erbaute Mauer trennt den Schloß- und Parkbereich von der Dorfstraße ab. Auf der anderen Seite der Straße liegt der große Wirtschaftshof, der von den Ostfenstern des Schlosses aus («Zimmer des Herrn») gut zu überblicken war.

Bis 1988 war im Schloß Kittendorf das Internat der Betriebsberufsschule des Staatsgutes Jürgensdorf untergebracht. Danach übernahm der Rat des Bezirkes Neubrandenburg das abgewohnte Schloß und begann mit Rekonstruktionsarbeiten. Es war damals vorgesehen, im Schloß eine Ferien- und Schulungseinrichtung zu schaffen. Die gesellschaftlichen Veränderungen der Jahre 1989/90 haben dieses Vorhaben jedoch abrupt beendet. Nun steht das Schloß schon längere Zeit leer.

Im Inneren ist noch viel von der originalen Einrichtung erhalten. Dazu gehört die Eingangshalle mit Kamin und großen Stuckbildern an den Wänden. Diese zeigen landwirtschaftliche Symbole wie Korngarben, Blumen, Spaten, Dreschflegel und Sensen. Zwei quadratische Säulen grenzen einen Korridor von der Halle ab. Westlich von der Halle liegt in der Mitte des Schlosses der fensterlose alte Speisesaal. Dieser oktogonale Saal wird durch ein gläsernes Oberlicht in der stuckverzierten hohen Decke beleuchtet. Ein niedriges hölzernes Paneel, vier Nischen und ein Intarsienfußboden gehören ebenso zur Ausstattung des Saals. Leider sind die Stukkaturen in den sechziger Jahren unseres Jahrhunderts farbig bemalt worden.

Die Treppe zum Obergeschoß ist im Nordflügel des Schlosses angelegt. An der Treppe ist ein Buntglasfenster mit Jagdmotiven sehenswert. Über der Halle liegt wohl der schönste Raum des Schlosses, die ehemalige Bibliothek. In diesem Raum stehen noch die originalen, hölzernen, verglasten Bücherschränke. Schöne gewundene Holzsäulen zwischen den Schränken und in die Schrankwände eingelassene kleine Sofas geben diesem Raum einen besonderen Reiz. Ein großes Buntglasfenster mit den Wappen der von Oertzen und von Schwerin, ein Kamin aus grünem Marmor und die hohe stuckverzierte Decke ergänzen die schöne alte Ausstattung.

Nur zehn Kilometer nördlich von Kittendorf liegt dann auch schon die Reuterstadt Stavenhagen. Ein großes Barockschloß und das Fritz-Reuter-Museum können ebenso zur Besichtigung empfohlen werden wie die nur wenige Kilometer von Stavenhagen entfernt liegenden «1 000jährigen Eichen», das Damwildgatter sowie Schloß und Park von Ivenack.

Westlich von Kittendorf sind in den Dörfern Rottmannshagen, Zettemin (früher zu Vorpommern gehörend) und Faulenrost bemerkenswerte Schloßbauten aus der Zeit des Barocks zu finden.

Fünf Kilometer östlich von Kittendorf liegt Bredenfelde, wo vor fast einhundertvierzig Jahren ebenfalls ein Schloß nach Plänen von Friedrich HITZIG gebaut wurde, das heute jedoch nur als Ruine erhalten ist. Bauherr war einst Ernst Hans Heinrich von Heyden (1817–1859). E.H.H. von Heyden wurde in Kartlow (Vorpommern) geboren, wo zwischen 1853 und 1858 für seinen Bruder Wichard Wilhelm Woldemar ebenfalls nach HITZIGS Plänen ein großes Schloß gebaut wurde.

Am Schloß Bredenfelde zeigt noch heute eine Wetterfahne die Jahreszahl 1855, die als Datum der Fertigstellung des Schlosses angesehen werden muß, denn Friedrich HITZIG beschrieb Schloß Bredenfelde schon 1854 als «ausgeführtes Bauwerk».

Ähnlich wie im benachbarten Kittendorf zeigt die breite Hauptfront mit der dem Eingang vorgelagerten, gedeckten Unterfahrt zum Wirtschaftshof. Über dem Altan der Unterfahrt ist das Wappen der von Heyden, ein mit vier Zinnen besetztes Mauerstück, angebracht.

Im Erdgeschoß lagen früher die beiden Zimmer des Gutsherrn, von denen er das Treiben auf dem Hof gut im Auge behalten konnte. Durch den runden Turm an der Südostecke des Schlosses waren seine Zimmer auch vom Hof aus separat zugänglich.

Hinter dem Eingang befand sich die Halle, von der aus der ankommende Gast über eine kurze Treppe sowohl das Empfangszimmer als auch den Saal erreichen konnte. Der stuckverzierte Saal lag in einem als Halb-Oktogon vorgebauten Schloßflügel hinter dem großen achteckigen Turm. Die Wohnräume waren im

Kittendorf

*Kittendorf,
Schloß,
Zufahrtsseite (Ostseite)*

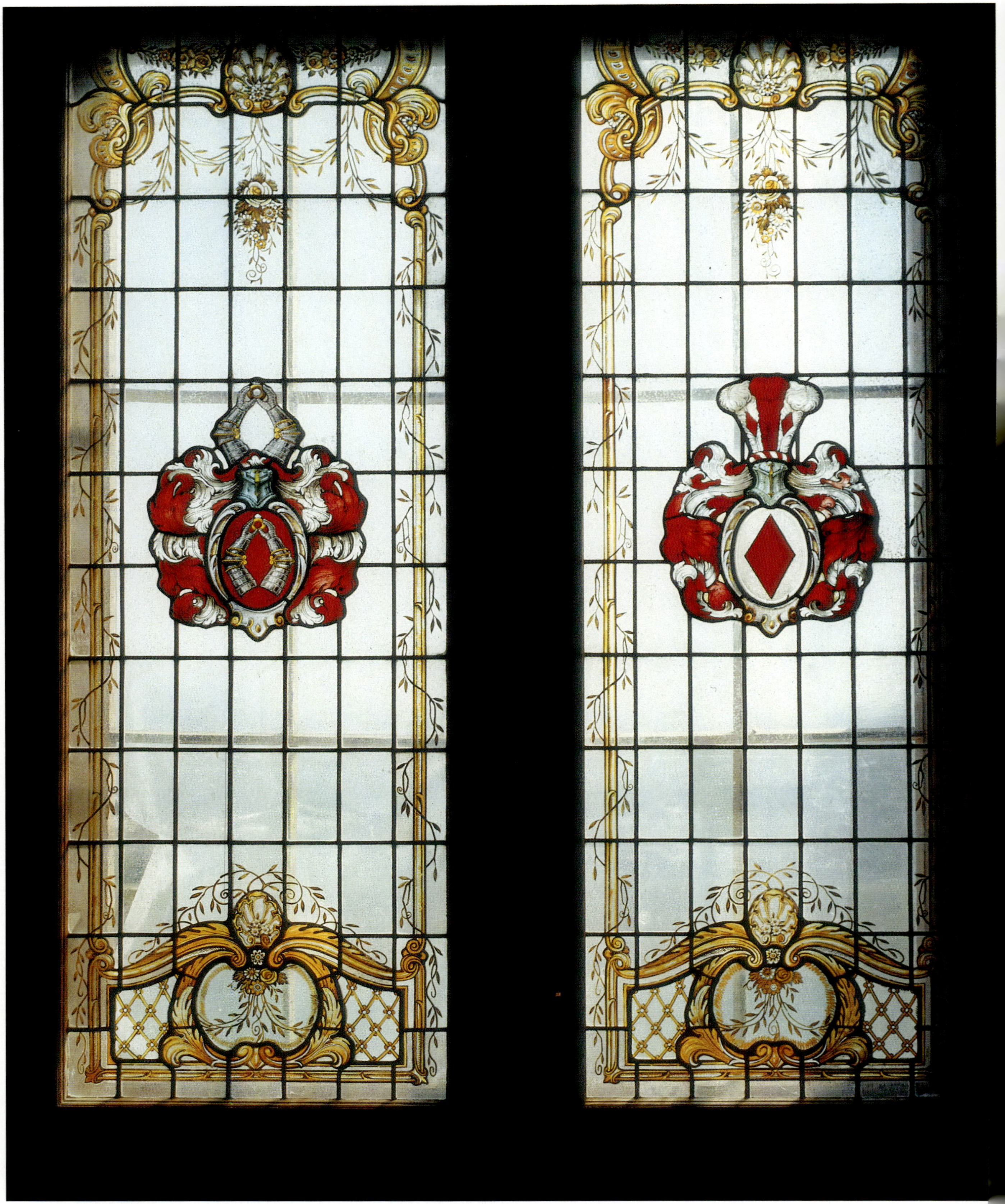

Kittendorf, Schloß, Buntglasfenster in der Bibliothek, links das Wappen der von Oertzen, rechts das Wappen der von Schwerin

südöstlichen Bereich des Schlosses eingerichtet worden. Davor liegt noch heute die Terrasse. Im südwestlichen Schloßflügel, der schöne Treppengiebel trägt, waren die Kinder-, Schlaf- und Toilettenzimmer untergebracht. Im ersten Hauptgeschoß gab es keinen Korridor, die Räume waren hintereinander angeordnet. Sie hatten alle schmuckvolle Stuckdecken. Wendeltreppen in beiden Türmen sowie eine Treppe im Innern des Schlosses ermöglichten den Zugang zum Keller und zur oberen Etage des zweigeschossigen Schlosses. Vorratsräume, die Küche, «Mägdestuben» und eine «Bedienstetenstube» hatten, wie üblich, Platz im Keller gefunden. Das obere Geschoß beherbergte vor allem Räume für Bedienstete und einige Fremdenzimmer.

Die Satteldächer des Schlosses waren ehemals mit Schiefer gedeckt. Dieses in Mecklenburg selten verwendete Dachmaterial zeigen noch heute die Dächer der beiden Türme. Friese und verschiedene Fensterüberdachungen verzieren die verputzten Fassaden des Ziegelbaus. Nach HITZIGS Mitteilung waren einige Verzierungen und die Spitzen der Türme aus Zink gegossen worden.

Das Gut Bredenfelde wurde wegen Verschuldung 1932 durch die «Mecklenburgische Landgesellschaft mbH» in Schwerin aufgesiedelt. Einer der Siedler erwarb neben landwirtschaftlichen Flächen auch Schloß und Park Bredenfelde. Er betrieb im Schloß später eine Gaststätte und einen Laden. Einige der Räume waren vermietet gewesen, dies besonders nach 1945.

Nachdem 1968 in Bredenfelde ein großes Wohnhaus mit zwölf Wohnungen erbaut worden war, zogen die verbliebenen Schloßbewohner, auch der Schloßeigentümer, dort ein. Seit dieser Zeit unterblieben am Schloß alle Werterhaltungsarbeiten, auch am Dach, was zur Folge hatte, daß sich bald massive Schäden einstellten. Das Schloß wurde in diesem Zustand an einen großen anhaltinischen Baubetrieb weitergegeben, der es jedoch nicht geschafft hat, das intakte Schloß auszubauen, er vermauerte noch die unteren Fenster und überschrieb dann Ruine und Park der Gemeinde Bredenfelde.

Der Bauherr von Heyden hatte sich schon frühzeitig mit der Planung zu einem Park beschäftigt. Von keinem anderen als Peter Joseph LENNÉ stammt der schon 1840 gezeichnete Parkplan. LENNÉ arbeitete damals wohl einen Familienauftrag ab, denn auch der Parkplan für das Schloß Kartlow entstand im gleichen Jahr.

Nach Lennés Plan sollten in Bredenfelde Wirtschaftshof und das zukünftige Schloß symmetrisch zueinander angelegt werden. Jeweils hinter den Wirtschaftsgebäuden hatte er regelmäßig gegliederte Gärten vorgesehen. Dagegen war der am Schloßstandort gelegene Park als englischer Park mit großen, freien Rasenflächen und wenigen Baum- und Buschgruppen eingezeichnet, der nur von einigen geschwungenen Wegen durchzogen wurde. Diese Wege sind heute kaum noch zu erkennen, ja einige Teile des Parks wurden sogar beackert. Neben Holundergebüsch findet der Besucher gegenwärtig Fichten, auch Birken, Rot- und Hainbuchen neben sehr starken Linden und die fast in allen Lenné-Parks anzutreffenden Platanen. Beachtenswert ist ein Baum vor dem Haupteingang, am Übergang zum Wirtschaftshof. Es ist ein alter Trompetenbaum *(Catalpa spec.)*, der mehr als zwanzig Zentimeter große Blätter und auffällige traubige Blütenstände hat. Im Herbst trägt der Baum seltsame Früchte. Es sind lange schmale Kapseln, die an Vanillestangen erinnern.

Zehn Kilometer südlich von Bredenfelde liegt unweit der B 192 die kleine Ortschaft Rumpshagen. Auf dem Weg dorthin lohnt es sich, einen Blick auf das Gutshaus von Klein Plasten zu werfen. Auch in Marihn lädt ein großes, zweieinhalbgeschossiges Schloß mit interessant gestalteten Putzfassaden zur Besichtigung ein.

Von Marihn sind es schließlich nicht mehr ganz fünf Kilometer bis nach Rumpshagen. In dieser Gemeinde steht ein Barockschloß, das zwischen 1730 und 1732 erbaut wurde. Wie so oft ist der Name des Architekten und Baumeisters nicht überliefert. Bauherr war Friedrich Ernst von Voß (gest. 1739), der auch Erbherr auf Gievitz, Flotow, Klein Helle, Luplow, Trollenhagen und Podewall war.

Das Schloß ist ein zweigeschossiger, rechteckiger, verputzter Backsteinbau mit einem gewalmten Mansardendach, das zwei dominierende Schornsteine trägt. Drei von elf Achsen bilden sowohl auf der Parkals auch auf der Dorfseite den Mittelrisaliten, der von einem Giebeldreieck, in dem sich ein Wappenfeld befindet, nach oben abgeschlossen wird. Auf der Parkseite fehlt das Wappenfeld bereits. Nähert man sich dem Schloß, fällt schon von weitem die deutliche Gliederung des Schlosses in helle und dunkle Flächen auf. Der Architekt erreichte eine horizontale und vertikale Gliederung der Fassaden dadurch, daß er den glatten, grau-braunen Putzflächen solche gegenüberstellte, die durch viele in den frischen Putz gedrückte blaue und grüne Glasscherben ein eigenwilliges, «rauhes» Aussehen erhalten hatten. Eine derartige Fassadengestaltung findet man in Mecklenburg sonst nirgends!

Glatte Putzflächen liegen unter den Fenstern. Auch die Pilaster der Mittelrisaliten mit den kunstvollen Putzkapitellen sind nicht mit Glasbruch verziert. Der Hofrisalit hat davon vier, der Parkrisalit verfügt über sechs solcher Wandsäulen.

Wie in vielen Dörfern Mecklenburgs hat sich auch in Rumpshagen einmal eine Glashütte befunden, die ab 1692 in Betrieb war. Sie gehörte dem Vater des Bauherrn, Siegfried von Voß, der sie für vierzig Jahre verpachtet hatte. Der Hüttenmeister SEITZ pachtete 1692 daneben auch das Gut Rumpshagen. Die Namen anderer Hüttenmeister waren ZIMMERMANN und GUNDLACH. Wegen dieser Glashütte ist es wohl nicht rätselhaft, woher die Glasscherben im Putz des Schlosses stammen mögen. Bruchglas fiel auch damals reichlich an und wurde so, in dieser einmaligen Art und Weise, aufgewertet.

Leider befindet sich das Schloß Rumpshagen in keinem befriedigenden Zustand. Es wird nur noch von wenigen Leuten bewohnt und ist auch schlecht instandgehalten worden. Massive Putzschäden schmälern den Gesamteindruck beträchtlich. Bedingt durch die Aufsiedlung nach 1945 ist um das Schloß Rumpshagen ein Kranz von windschiefen Bretterschuppen angelegt worden, in denen einst Brennholz, Kohlen und andere Vorräte aufbewahrt, auch Kaninchen gezüchtet wurden.

Der Park ist westlich vom Schloß zu suchen. Zwischen Schloß und Park liegt, versteckt hinter Weidenbäumen, ein rechteckiges Wasserbecken, das ehemals zum barocken Park gehörte und heute nur noch einigen Enten rechte Freude bereitet. Die Parkstrukturen sind wegen der allgemeinen Verwilderung nicht mehr zu erkennen, sieht man von einigen alten Roßkastanien, Linden, Eschen und Buchen ab. Teile des Parks werden auch als Pferdekoppel genutzt. Nur im nordwestlichen Parkbereich kann der Besucher eine Hainbuchenreihe und eine etwa sechzig Meter lange Hainbuchenallee, die zur Barockzeit ein zurechtgeschnittener Laubengang gewesen sein mag, entdecken.

Im Mittelalter war in der Nähe des heutigen Dorfes Rumpshagen eine Burgstelle errichtet worden. Diese befand sich etwa sechshundert Meter nördlich vom Dorf, direkt neben der Straße, die heute vom Dorf zur B 192 führt. Der Flurname für diese Stelle lautet schon von alters her «Schloßberg». In den zwanziger Jahren wurde innerhalb der Schuttwälle der alten Burg ein Kriegerdenkmal errichtet. Das Denkmal ist ein halbierter Findling mit einer Namenstafel, die aber zerbrochen neben dem großen Stein liegt.

Im Nachbardorf Ankershagen gibt es gleich mehrere Sehenswürdigkeiten, von denen die ersten beiden schon unmittelbar am Dorfrand liegen, dort wo die Straße, von Rumpshagen kommend, Ankershagen erreicht.

Es sind die schon im 13. Jahrhundert erbaute Feldsteinkirche und vis-à-vis das Fachwerkpfarrhaus. Spätestens seit 1990 ist Ankershagen und im besonderen das Pfarrhaus in der Welt bekannt geworden, weil in selbigem Pfarrhaus Heinrich SCHLIEMANN (1822 bis 1890), der Trojaentdecker, zwischen 1823 und 1831 seine Kindheit verbrachte. Sein Vater war Pfarrer an der Kirche zu Ankershagen gewesen. Heute beherbergt das alte Pfarrhaus ein Schliemann-Museum.

Die anderen Sehenswürdigkeiten des Dorfes hängen mit der günstigen strategischen Lage der Siedlung zusammen. So gab es im Mittelalter hier zwei Burgen. Eine befand sich am Mühlenbach, allseitig umgeben

Rumps-hagen

Bredenfelde, Schloßruine vom Park aus mit Saalbau und großem Turm

Rumps=
hagen

Rumpshagen,
Schloß,
Mittelrisalit
der Dorfseite

von feuchten Wiesen. Sie war schon 1266 vorhanden, als die Siedlung bereits mit «villa Ankershagen» bezeichnet wurde. Heute sind von dieser Burg keine Zeugnisse mehr zu finden. Am östlichen Ortsrand liegen aber noch Reste einer zweiten Burg. Nur wenige Schritte neben einem im 19. Jahrhundert umgebauten Renaissanceschloß (jetzt Schule), erstreckt sich ein etwa fünfzig Meter langer und acht Meter hoher, mit Gehölzen bewachsener Erdwall, der die Burg nach Westen sicherte. Nach Osten fällt der Wall steil ab. Dort liegen beachtliche Mauerreste aus Feld- und Ziegelsteinen. Diese Mauern sind stellenweise noch zwei bis drei Meter hoch. Es sind auch Reste eines viereckigen Turmes zu erkennen.

Noch vor dreihundert Jahren hatte die mecklenburgische Landschaft weit mehr Wälder und Feldgehölz, als es heute zu ahnen ist. Diesen Holzreichtum nutzten viele Gutsbesitzer, indem sie meist kurzfristig Glashütten einrichteten, so auch in Ankershagen, wo 1717 eine Glashütte angelegt wurde «. . . um den wüsten Hof-Acker von dem darauf stehenden weichen Holtze zu reinigen und wieder unter Cultur zu bringen . . .» (Wendt, 1972).

Neben den Sehenswürdigkeiten im Ort selbst ist in der näheren Umgebung auf die Havelquellseen zu verweisen. Diese liegen in Wanderentfernung südwestlich von Ankershagen, im Landschaftsschutzgebiet «Havelquellseengebiet bei Kratzeburg». Im Dorf Dambeck bei Kratzeburg findet der Wanderer schließlich auch einen Park mit dendrologischen Besonderheiten.

Auf dem Weg von Ankershagen zum nächsten Reiseziel Penzlin kann in Zahren und Groß Vielen Halt gemacht werden, da auch dort Gutshäuser und Parkanlagen zu sehen sind. Nahe an Gutshaus Groß Vielen, dort gibt es auch ein Torhaus, steht ein großer Mammutbaum, der im östlichen Teil Mecklenburgs nur selten in den Parkanlagen zu finden ist.

Ankershagen, Burgruine von Osten

Penzlin

Nach nur wenigen Kilometern Fahrt in nordöstliche Richtung wird dann die kleine Stadt Penzlin erreicht. Die Stadt war ursprünglich eine slawische Siedlung, erhielt von Heinrich Borwin I. das Stadtrecht und ist seit 1263 als «civitas» bekannt. Am nördlichen Rand der Stadt, die noch heute das mittelalterliche Straßennetz aufweist, liegt seit dem 13. Jahrhundert eine Burg. Penzlin gehörte ehemals zum Gründungsbesitz des Prämonstratenserklosters Broda und wechselte mehrfach den Besitzer teils durch Verkauf, teils durch Verpfändung. Auf diese Weise gelangten Burg und Stadt 1414 auch zeitweilig in den Besitz von Lüdeke (d. Ä.) Maltzan. Behrend von Maltzan, Ritter auf Wolde, wurde schließlich 1517 endgültig mit Burg und Stadt belehnt. Dessen Sohn Joachim II. erwarb 1529 die Herrschaft Wartenberg in Schlesien und wurde 1530 von Kaiser Karl V. in den Stand eines Reichsfreiherrn von Wartenberg und Penzlin erhoben.

Interessant ist, daß Ferdinand von Maltzan auf Penzlin bereits am 16. Oktober 1816, dem dritten Jahrestag der Völkerschlacht bei Leipzig, auf seinen Gütern die Leibeigenschaft aufhob und damit den landesherrlichen Verordnungen vorgriff, die erst 1820 in beiden Mecklenburg die Leibeigenschaft beseitigten.

In der Stadt wird der Besucher durch Hinweisschilder zur «Alten Burg» geleitet. Wie viele mittelalterliche Burgen liegt auch diese Anlage auf einer leichten Anhöhe. Die erhaltenen Gebäude der Burg stammen aus dem 14. und 15. Jahrhundert. Es sind zwei rechtwinklig aneinanderstoßende Flügel, von denen der östliche das alte Torhaus der Burg ist. Durch das große Tor gelangt man auf einen Weg, der zur «Neuen Burg» führt. Diese liegt noch ein Stück weiter nördlich. Es ist aber nur ein schmuckloser Bau, der um 1810 im Bereich der alten Vorburg, jedoch keineswegs burgenhaft, erbaut wurde.

An der Ostseite der «Alten Burg» ist zu sehen, daß das Obergeschoß des Torhauses verändert wurde. Einige Fenster sind deutlich neueren Datums. Umbauarbeiten sind bereits in der Mitte des 19. Jahrhunderts und um die Jahrhundertwende durchgeführt worden. Damals wurde eine «herrschaftliche Wohnung» in der Burg eingerichtet. Zur gleichen Zeit hatte das Torhaus

Ankershagen, Schloß, Hofseite mit dem im 19. Jahrhundert veränderten Treppenturm

auch einen gotischen, gußeisernen Dachreiter bekommen, der heute nicht mehr vorhanden ist. Von der östlichen Seite aus ist auch der geschweifte Schmuckgiebel an der Nordseite des Torhauses zu erkennen, der sich beachtlich nach Süden neigt. An diesem Giebel ist ein Aborterker erhalten, in Mecklenburg inzwischen eine architektonische Rarität. Der Zweck dieses Ausbaus, der wie ein Schwalbennest am Giebel klebt, ist wohl unzweideutig. Westlich an das Torhaus stößt ein Burgflügel an, dessen Fachwerkobergeschoß erst im vergangenen Jahrhundert erneuert wurde. Man kann das auch an den modernen Fenstern erkennen. Die Backstein- und Fachwerkmauern ruhen auf solidem Feldsteinmauerwerk. Doch hat der Zahn der Zeit stets an den alten Mauern genagt. Aus diesem Grund sind 1990 an den Mauern Ergänzungen vorgenommen, die Südseite des Torhauses gesichert und das Gelände am Burggraben gereinigt worden.

Die Burg Penzlin hat heute keinen Bergfried mehr, doch sind innerhalb der Burg Mauerreste davon erhalten.

Eine bauliche Seltenheit in Mecklenburg stellt der zweigeschossige Keller unter der Burg Penzlin dar.

Seit 1952 beherbergt die Burg das Museum der Stadt. Zu dessen Besonderheiten gehört der «Hexenkeller», ein erhaltener Folterkeller mit allerlei Marterwerkzeugen sowie mehreren Mauernischen, in denen hinter Bohlentüren Delinquenten, auch «Hexen», eingeschlossen gewesen sein sollen.

Zwei bedeutende Penzliner Bürger sollen an dieser Stelle auch Erwähnung finden. Es sind der Dichter und Homer-Übersetzer Johann Heinrich Voß (1751 bis 1826) sowie der bedeutende Burgenforscher und Bürgermeister Dr. Otto Piper (1841–1921).

Auch in der Umgebung Penzlins findet der Besucher einige Schlösser und Gutshäuser. Dazu gehört östlich von Penzlin das leider zur Ruine verfallende, zweitürmige Schloß Mallin, dessen Wetterfahne die Jahreszahl 1871 zeigt. Fünf Kilometer südlich von Mallin liegt Alt Rehse. Es ist wohl das einzige Dorf Mecklenburgs, das um 1935/36 geschleift und nach einheitlichem Plan als Musterdorf wieder aufgebaut wurde. Schilfgedeckte, einheitliche, große und kleine Fachwerkhäuser bilden daher heute den Kern des Dorfes. In den Fachwerkbalken der Häuser sind die Baudaten verschlüsselt eingeschnitten. Man begann damals beim Jahr Null (1933) zu zählen. Im Schloß und dem umgebenden Park ist damals gleichzeitig die «Reichsführerschule der deutschen Ärzteschaft» eingerichtet worden, die kein Ruhmesblatt in der Geschichte der deutschen Medizin werden sollte.

Von Alt Rehse sind es dann nur wenige hundert Meter bis zum Westufer des Tollensesees oder bis zum erholsamen Buchenwald bei Altmeiershof.

In Puchow, vier Kilometer nördlich der Stadt Penzlin, steht ebenfalls ein sehenswertes Schloß. Auf dem Weg dorthin ermöglicht das wahrlich historische Pflaster der Landstraße auch dem Autofahrer einen Blick auf die hüglige, ackerbaulich genutzte Landschaft mit zahlreichen Kleingewässern, Söllen und Gehölzgruppen, deren Entstehung auf die Wirkung gewaltiger Eisgletscher zurückgeht.

Puchow war 1501 noch ein Bauerndorf. Aber auch hier verloren die Bauern Grund und Boden, so daß es bald alleiniges Rittergut der Freiherrn von Maltzan war. Während der Jahrhunderte ging das Gut Puchow von Hand zu Hand, wurde verkauft und verpfändet, bis es schließlich 1878 nebst dem benachbarten Rahnenfelde in den Besitz des Freiherrn Ulrich von Maltzan gelangte. Das damals vierhundert Hektar große Rittergut, sowie die Güter Rahnenfelde und Gevezin kaufte 1905 schließlich Adolf von Buenger. Dieser Herr von Buenger ließ das Dorf Puchow, den Gutshof und ein Schloß neu erbauen. Die Wohnhäuser im Dorf sind mit den Jahreszahlen 1906–1914 datiert. Auch die dem Schloß östlich vorgelagerten Scheunen und Stallungen nennen ihr Baudatum (1908–1912). Es sind stattliche Putzbauten, bei denen auch einige Abschnitte in Fachwerkbauweise errichtet wurden.

Mittelpunkt des Rittergutes ist das am westlichen Rand des Gutes gelegene Schloß, in dem bis 1990 die «Kulturakademie des Bezirkes Neubrandenburg» tätig war.

Vor dem Schloß erstreckt sich eine ansehnliche, große Rasenfläche, die von Roßkastanien und Stieleichen gesäumt ist.

Penzlin, Burg von Osten mit Burggraben, Giebel mit Aborterker

Puchow

Puchow, Schloß, Hof- und Dorfseite

Das Schloß ist ein zweigeschossiger, gelbgestrichener Putzbau über einem Feldsteinsockel. Die Dorfseite ist durch einen aufwendigen Mittelrisaliten, vor den ein Säulenvorbau mit Altan gebaut ist, besonders betont. Dieser Altan hat ein schönes schmiedeeisernes Geländer, dessen mittleres Feld den verschlungenen Monogrammzug AB zeigt. Im Volutengiebel des Mittelrisaliten ist die Jahreszahl 1910 zu lesen.

Die Fensterüberdachungen der ersten Etage verdienen besondere Beachtung. Es sind Segmentbögen mit unterschiedlichen, plastisch hervortretenden Köpfen.

Auch die Parkseite des Schlosses hat einen aufwendigen Mittelrisaliten, der weit aus dem Haus herausragt. Er trägt einen schmalen Balkon und einen halbrunden Giebelaufsatz, jedoch ohne Voluten. Links und rechts neben dem Risaliten befinden sich laubenartige Anbauten, die auf die vorgelagerte hohe Terrasse münden, von der eine Treppe zum Park hinabführt.

Das neobarocke Schloß wird von einem schönen Mansardendach überdeckt, in dem auch Fledermausgauben eingebaut sind.

Die Eingangshalle des Schlosses reicht durch beide Etagen. Sehenswerte Details sind darin ein hohes Holzpaneel, die breite Holztreppe und ein Kamin. In der zweiten Etage geht die Treppe in eine hölzerne Galerie über. Eine Wand trägt hier auch einen verglasten hölzernen Erker.

Der westlich am Schloß liegende Park ist nicht groß. Seine Mitte bildet eine gemähte Wiese, an deren Rand meist einheimische Baumarten stehen. Dazu gehören Eschen, Rotbuchen, Stieleichen, Bergahorn und einige Birken. Dazwischen wurden auch einige Roteichen mit den markanten spitzzipfligen Blättern gepflanzt. Im Park wachsen aber auch einige Exemplare des fiederblättrigen Eschenahorns und Walnußbäume. Eine freistehende große Blutbuche und eine dunkelgrüne, pappelartig aufragende Pyramideneiche lenken nahe am Schloß die Blicke auf sich. Rhododendron- und Taxusbüsche bilden neben der Blutbuche ein Dickicht aus immergrünen Blättern.

In der von Ackerbau und Viehzucht geprägten Landschaft nordöstlich von Puchow haben auch die Dörfer Gevezin, Chemnitz und Klein Helle heute noch ge-

Puchow, Wirschaftsgebäude des Gutes

nutzte Gutshäuser und Parks. In Pinnow jedoch steht das Gutshaus schon lange Zeit fast ganz leer und ist inzwischen weitgehend zur Ruine geworden. Allerdings entschädigen sehenswerte, gewaltige Eichen im Park für den betrüblichen Eindruck vom Gutshaus.

Auf dem Weg zur ehemaligen Residenzstadt Neustrelitz, die siebzehn Kilometer (B 193) südlich von Penzlin liegt, lohnt ein kurzer Halt in Peckatel. Dort stehen zwei Gutshäuser aus dem 18. und 19. Jahrhundert dicht nebeneinander, die ehemals auch zum Maltzanschen Besitz gehörten. Von Peckatel aus kann auch zu den Schlössern Hohenzieritz und Prillwitz abgebogen werden. Sie sind schnell erreicht, liegen sie doch nur vier Kilometer weiter östlich.

Nach der mecklenburgischen Erbteilung von 1701 nahm Herzog Adolf Friedrich II. seinen Wohnsitz in der alten Burg Strelitz. Sie stand im heutigen Strelitz Alt, einem Ortsteil von Neustrelitz, etwa an der Stelle, wo sich die Haftanstalt befindet. Die Burg und Residenz brannte jedoch 1712 ab. Da die Bürger von Strelitz eine Unterstützung zum Aufbau der Burg an gleicher Stelle verweigerten, mußte der Herzog in den folgenden Jahren in seinen Jagdhäusern Canow, Priepert und Glienke wohnen. Dabei bevorzugte er das in den Jahren 1709–1711 erbaute Jagdhaus Glienke. Der Ort war eine Meierei am Ufer des Zierker Sees gewesen.

Seit 1708 regierte Adolf Friedrich III. Dieser gab dem bei Hofe beschäftigten Kunstgärtner Christoph Julius Löwe bald den Auftrag, ein neues Schloß zu errichten. An Stelle des Jagdhauses Glienke entstand so zwischen 1726 und 1731 am südöstlichen Ufer des Zierker Sees ein zweigeschossiges Fachwerkschloß mit einem Dachreiter über der Mitte. Den barocken Bauprinzipien folgend, war das neue Schloß als Dreiflügelanlage angelegt worden. Nach Südosten, zum bereits 1721 angelegten Tiergarten hin, öffnete sich der Ehrenhof. Die nördliche Fassade war zum See gerichtet. Ab 1732 legte Chr. J. Löwe zwischen Schloß und See einen Barockpark an. Symmetrische Wege, geometrisch abgezirkelte Blumenbeete, Hecken und lange Baumreihen sowie Rasenterrassen am Schloß waren damals die typischen Gestaltungselemente.

Neben dem neuen Schloß wurden auch zwei Häuser (Pavillons) für Besucher und den Hofstaat errichtet. Diese Gebäude flankierten die Zufahrt zum Schloß in Richtung Tiergarten. Beide wurden zwischen 1720 und 1731 ebenfalls nach Plänen von Chr. J. Löwe gebaut, jedoch in den Jahren 1823 bis 1834 vom Hofbaumeister Friedrich Wilhelm Buttel (1796–1869) verändert. Er gestaltete sie damals klassizistisch um (Säulenportikus im Mittelrisalit).

Weil die Landesbehörden nach Fertigstellung des Schlosses zum Teil immer noch in Strelitz ihren Sitz hatten, ordnete Adolf Friedrich III. am 20. Mai 1733 die Gründung einer Stadt neben dem Schloß an. Auf drei Hügeln entstand in den folgenden Jahren die barocke Residenzstadt Neustrelitz, die 1759 Stadtrecht erhielt.

1752 war Adolf Friedrich III. verstorben. Schon 1755 ließ sein Nachfolger, Adolf Friedrich IV., die Umfassungsmauern des Schlosses massiv ausführen, die Innenräume umbauen und neu ausgestalten. Ein Engländer, Thomas Nugent, der 1766 Neustrelitz besuchte, beschrieb damals begeistert die im Rokokostil errichteten prächtigen Räume des Schlosses.

Die Zeit des Klassizismus hielt 1815–1817 Einzug im Schloß. Durch Christian Philipp Wolff wurden bauliche Veränderungen vorgenommen. Aber schon 1865 erfolgten weitere Umbauten, diesmal nach Plänen von Friedrich August Stüler und Friedrich Wilhelm Buttel, die beide aus der Berliner Schinkel-Schule kamen. F. W. Buttel hatte schon 1855–1859 die Neustrelitzer neogotische Schloßkirche gebaut, die noch heute nahe am Schloßstandort besichtigt werden kann. Wie auch andere Buttel-Bauten ist diese Kirche aus unverputzten, gelben Backsteinen errichtet worden.

Tiefgreifende Veränderungen erfuhr das Schloß schließlich beim Umbau in den Jahren 1905 bis 1909 nach Entwürfen von Geyer (Berlin). Dabei erhielt das Schloßdach eine Attika, die Fassaden wurden verändert und an der südwestlichen Seite ein dreiflügliger Neubau angefügt, der an der Parkseite mit einem hohen, aufwendig gestalteten Turm versehen war. Dieser

Neustrelitz, Skulptur im Park

soll dem Turm des Charlottenburger Schlosses ähnlich gewesen sein.

Nachdem sich Großherzog Adolf Friedrich VI. im Februar 1918 das Leben genommen hatte, nach der Revolution des gleichen Jahres und der Abdankung des Schweriner Großherzogs, wurde das große Neustrelitzer Schloß 1920 Landeseigentum. Lange Zeit waren daher Landesarchiv, Landesbibliothek und das Landesmuseum im Schloß untergebracht.

Der schöne Schloßkomplex wurde zu Ende des II. Weltkrieges, am 24. März 1945, durch Sprengbomben beschädigt und brannte am 30. April 1945 ganz aus. Dabei ging auch der östliche Pavillon verloren. Zwischen 1947 und 1950 sind die Trümmer schließlich beseitigt und auf dem Schloßplatz zahlreiche Baracken errichtet worden, die noch heute genutzt werden.

Im weitläufigen Schloßpark ist jedoch ein Gebäude erhalten, das schon 1755 nach Entwürfen von A. Seydel als Orangerie erbaut wurde. F. W. Buttel hat das zur Stadt hin gelegene, eingeschossige Bauwerk zwischen 1840 und 1842 nach Anregungen von K. F. Schinkel und Chr. D. Rauch im klassizistischen Stil umgebaut. Nach Buttels Umbau war die Orangerie dann als Skulpturensammlung genutzt worden. Drei Räume sind in originaler, restaurierter Ausstattung erhalten. Die Grundfarben dieser Räume entsprechen den mecklenburgischen Landesfarben. Im Roten und Gelben Saal, die als Gaststätte bzw. Konzertsaal genutzt werden, sind Abgüsse von antiken Figuren und Reliefs neben farbiger Wand- und Deckenmalerei in pompejanischer Art von B. Rosendahl zu sehen. Der mittlere, Blaue Saal, wird noch restauriert.

Schon im 18. Jahrhundert war der Park für die Bürger der Stadt Neustrelitz offen. Er wurde ab 1790, besonders aber in der Mitte des 19. Jahrhunderts, vom Barockpark in einen Landschaftspark umgestaltet. Nur die mittlere Parkachse und die Sandsteinfiguren der «Göttergalerie» nördlich der Orangerie stammen noch aus dem Barockgarten. Die zahlreichen Marmor- und Zinkgußvasen sowie Skulpturen wurden erst im 19. Jahrhundert aufgestellt. Der am unteren Ende der Mittelachse gelegene, runde Hebetempel ist um 1840 nach Plänen von F. W. Buttel gebaut worden.

An der Parkumgestaltung war auch Peter Joseph LENNÉ beteiligt. Einige zwischen 1852 und 1860 geschriebene Briefe belegen, daß LENNÉ damals Anmerkungen zur Parkgestaltung gemacht hatte. Diese bezogen sich unter anderem auf die Errichtung von Parkmauern und die Gestaltung des beim Schloß gelegenen «Weinberges». Eine 1989 eingeweihte Gedenktafel erinnert im westlichen Parkteil an diesen genialen Parkgestalter, nach dessen Plänen auch in Mecklenburg zahlreiche Neu- und Umgestaltungen erfolgten.

Am Rande von weiten Rasenflächen steht auf einem Hügel der «Luisentempel» zum Gedächtnis an die 1810 in Hohenzieritz verstorbene preußische Königin Luise, die eine Tochter des mecklenburgischen Herzogs Carl war. Der Tempel wurde erst 1891 errichtet, und enthält eine Nachbildung des Sarkophags mit der Grabfigur Luises von Chr. D. RAUCH.

Unweit des Luisentempels, unmittelbar am Ufer des Zierker Sees, steht, bisher wenig beachtet, ein achteckiger Holzpavillon mit abgestuftem Pagodendach, der

Neustrelitz, Orangerie, Stadtseite

1821 ebenfalls nach Plänen von F. W. Buttel als Wäschespülhaus des großherzoglichen Waschhauses erbaut wurde. Dieser Pavillon ist das einzige Zeugnis der Chinoiserie in Neustrelitz.

Das große dreiflüglige Gebäude am westlichen Parkrand ist der ehemalige Marstall, der 1870 nach einem Entwurf von F. W. Buttel in neogotischen Formen ausgeführt wurde.

Südlich vom Schloßstandort liegt der historische «Tiergarten», in dem heute der Tierpark der Stadt zu finden ist. Durch ein hohes eisernes Tor, dessen steinerne Pfeiler mit zwei bronzenen Hirschen besetzt sind, erreicht man die zwischen bewaldeten Hügeln liegenden Tiergehege. Das Hirschportal wurde 1824 bis 1826 von F. W. Buttel, die Plastiken nach Modellen von Chr. D. Rauch geschaffen.

Zahlreiche historische Bauwerke in der Nähe des Schloßstandortes komplettieren das Ensemble der herzoglichen Bauten und leiten zur Stadt Neustrelitz über, in der noch so manch interessante Hausfassade zu finden ist, wenngleich der Erhaltungszustand meist sehr zu wünschen übrig läßt und dringend der Restaurierung bedarf.

Sechsundzwanzig Kilometer westlich von Neustrelitz, hart an der früheren Grenze nach Mecklenburg-Schwerin, liegt in Mirow ein anderes Schloß der Herzöge von Mecklenburg-Strelitz. Auf dem Weg dorthin passiert man auch die Stadt Wesenburg (B 198), wo von einer mittelalterlichen Burg nur noch ein Teil des Bergfrieds und der angrenzenden Mauern erhalten ist.

Bevor das Schloß in Mirow erreicht wird, empfiehlt es sich für dendrologisch Interessierte, mitten in der Stadt Mirow nach Norden in Richtung Granzow abzubiegen. Zwischen den Dörfern Granzow und Qualzow wurde 1887 der Forstgarten «Erbsland» durch den Oberforstinspektor Friedrich SCHARENBERG (1821–1901) angelegt. Die damals noch als «Exoten» zur Testung der Wuchsleistung gepflanzten Bäume sind heute stattliche Exemplare. Dazu gehören sowohl die meterhohen Küstentannen aus Nordamerika als auch viele andere seltene Laub- und Nadelholzarten.

Die Gegend um die erst 1919 zur Stadt erhobene Gemeinde Mirow zog schon vor mehr als siebenhundert Jahren Menschen an. 1227 errichtete der Johanniterorden auf einer Halbinsel im Mirower See eine Komturei mit einer Kirche. Nach der Reformation ließen die mecklenburgischen Herzöge 1587 diese Insel befestigen und das noch heute vorhandene Renaissancetorhaus erbauen. Über der Tordurchfahrt dieses durch starke Putzquaderung

Mirow, Renaissancetorhaus, Stadtseite

auffallenden Hauses ist das alte sechsteilige mecklenburgische Wappen angebracht. Durch ein Feuer, das auf Blitzschlag zurückzuführen war, brannten 1742 alle Komtureigebäude ab. Daraufhin wurde zwischen 1749 und 1752 an ihrer Stelle ein Schloß in Fachwerkbauweise errichtet. Architekt war, wie in Neustrelitz, Chr. J. Löwe. Wegen des moorigen Untergrundes wurden die Außenwände doch bald auf Pfahlrosten massiv ersetzt. Das Innere des Schlosses ist zwischen 1753 und 1760 im Stil des Rokoko aufgebaut und gestaltet worden.

Doch schon im Jahr 1761 zog für immer Stille in dieses Schloß ein. Der herzogliche Hof verlegte für immer seinen Sitz nach Neustrelitz. Nur wenn Mitglieder der herzoglichen Familie verstorben waren, wurde das Schloß für die kurze Zeit der Beisetzungsfeierlichkeiten bewohnt, denn die Strelitzer Herzöge hatten ihre Familiengruft in der Johanniter-Kirche zu Mirow.

1949 beschloß die Mecklenburgische Landesregierung, nach umfassender Rekonstruktion und unter Berücksichtigung der denkmalpflegerischen Erfordernisse im Schloß das erste Landesaltersheim einzurichten. Diese Aufgabe erfüllte das Schloß bis 1979.

Trotz verschiedener Eingriffe, einschließlich der Verwüstungen während des II. Weltkrieges, sind wesentliche Teile der Innenausstattung erhalten geblieben, so auch Seidentapeten, Schnitzereien und die phantastischen, zum Teil vergoldeten Stuckdecken. Seit 1984 wird das Schloß außen und innen erneut restauriert und soll bald Standesamt, Bibliothek, Konzertsaal und Museum Platz bieten.

Das Mirower Schloß ist ein zweigeschossiger, verputzter Backsteinbau mit einem Grundriß, der dem Buchstaben H gleicht. Die Risalite sind dreigeschossig, davon sind die beiden Mittelrisalite mit Giebeldreiekken und Ochsenaugen ausgestattet. Die beiden Türen des Schlosses hat man damals aus Eichenholz gefertigt und mit geschnitztem Rankenwerk belegt. Gegenüber dem Schloß steht ein zweigeschossiges Barockgebäude. Es ist das Küchen- und Kavaliershaus des Schlosses und wurde zwischen 1756 und 1758 erbaut. Neben Unterkünften für Gäste und Bedienstete lag in der Mitte des Hauses die durch beide Geschosse reichende Küche des Schlosses.

Der das Schloß umgebende Park ist von der Mirower Seenlandschaft geprägt. Eine Brücke mit Vasen aus Muschelkalk führt zur kleinen «Liebesinsel» mit dem Grabmal für Adolf Friedrich VI., den letzten regierenden Großherzog von Mecklenburg-Strelitz. Der 1882 geborene, unverheiratete Großherzog hatte sich am 23. Februar 1918 in Mirow das Leben genommen, ohne daß die Gründe bis heute nachweislich bekannt geworden sind. Bisher war stets die Rede von einer Liebes- oder Spionageaffäre, in die der Großherzog verwickelt gewesen sein soll.

Auch im Stadtbild von Mirow gibt es ein Schloß. Es ist das sogenannte Untere Schloß, das 1735 aus Anlaß der Hochzeit von Prinz Carl mit Elisabeth Albertine von Sachsen-Hildburghausen als eingeschossiges Fachwerkgebäude erbaut wurde. 1765 baute man es dann zu einem massiven, zweigeschossigen Putzbau mit schönem Mansardendach um. Nach einem Brand im Jahr 1841 wurde der Mittelteil des Hauses erneut umgestaltet, auch das Dach ist dabei zum Vollwalm verändert worden. Von 1820 bis 1924/25 hatte im Unteren Schloß das Landes-Lehrerseminar von Mecklenburg-Strelitz seinen Sitz. Danach zog eine Sportschule ein. Heute ist in diesem Gebäude ebenfalls eine Schule untergebracht.

Zwischen Mirow und Rechlin, nahe an der B 198, liegt das Dorf Retzow. Dort steht ein großes klassizistisches Schloß, das um 1810 für den Freiherrn von Hammerstein gebaut wurde. Das Schloß mit dem imposanten Säulenportikus dient schon viele Jahre als Kreisfeierabendheim Neustrelitz.

Von der westlichen Grenze des ehemaligen Landes Mecklenburg-Strelitz soll es nun zu dessen südlicher Grenze gehen. Dort ragte bis Anfang der fünfziger Jahre Mecklenburgisch-Strelitzer Territorium weit in Brandenburgisches Gebiet hinein.

Fürstenberg

Auch Fürstenberg gehörte lange zu Mecklenburg. Die Stadt, um 1250 im Schutz einer Burg von den brandenburgischen Markgrafen gegründet, kam im Zusammenhang mit der Hochzeit von Beatrix von Brandenburg mit Herzog Heinrich von Mecklenburg als Mitgift 1292 zum Land Stargard und damit zu Mecklenburg. Nach Erbfolgestreitigkeiten und dem Templiner Frieden von 1317 verblieben Fürstenberg und die umliegenden Dörfer bis 1950 bei Mecklenburg. Erst im Zuge von Grenzbegradigungen wurde dieses Gebiet zum Land Brandenburg geschlagen.

Als 1952 in der DDR aus den Ländern Bezirke gebildet wurden, kam das Territorium um Fürstenberg zum Kreis Gransee des Bezirkes Potsdam.

Aus der mecklenburgischen Zeit stammt das Barockschloß in Fürstenberg. Es ist eine Dreiflügelanlage, die zwischen 1741 und 1752 gebaut wurde.Die Pläne dazu stammten von dem auch in Neustrelitz und Mirow tätig gewordenen Chr. J. Löwe. Das Schloß sollte der Gemahlin des Herzogs Adolf Friedrich III., der Herzogin Dorothea Sophie von Holstein-Ploen, als Witwensitz dienen.

Die beiden Seitenflügel des zweigeschossigen Schlosses umschließen auf der Ostseite den Mittelbau und bilden so einen Ehrenhof, der sich zum Schwedt-See hin öffnet.

Der Mittelbau des Schlosses verfügt sowohl auf der Ost- als auch auf der Westseite über einen dreiachsigen, zweieinhalb Geschosse hohen Mittelrisaliten. In der ersten Etage liegt hinter diesen drei Achsen der durch das ganze Gebäude hindurchreichende, eineinhalb Geschosse hohe Festsaal. Der Mittelrisalit der Ostseite hat einen Giebelaufsatz, der durch ein aufwendiges, geputztes mecklenburgisches Wappen mit einer Krone darüber geschmückt ist. Die Wandfläche des Mittelrisaliten wird durch vier Kolossalpilaster mit schönen Kapitellen und allerlei Rankenwerk vertikal gegliedert. Auch um die runden Fenster des Saals ist aufwendiger Putzschmuck zu sehen. Über der vergleichsweise bescheidenen Rundbogentür ist das Wappen des Landes Stargard angebracht. Es zeigt einen mit einem Band geschmückten Frauenarm, der einen Ring zwischen den Fingern hält.

Mirow,
Brücke zur Liebesinsel

Retzow, Schloß

Im Erdgeschoßbereich ist der Putz des Schlosses genutet, ansonsten sind die Ecken des Hauses bis unter die Traufe mit Eckquaderung versehen. Aber nicht nur die Mitte des Schlosses ist verziert worden, sondern auch die Giebelseiten der Flügelbauten. Diese haben schöne Volutengiebel und je vier Kolossalpilaster. Statt eines Wappens sind in den Giebeln stehende Ochsenaugen eingebaut worden, die von Ranken- und Blattwerk umgeben sind. Das Satteldach des Schlosses hat Mansarden und zum Ehrenhof hin größere Zwerchhäuser erhalten.

Auf der rückwärtigen Westseite sind die Giebelseiten der Seitenflügel als Seitenrisalite ausgebildet, treten deshalb nur etwas aus der Flucht des Schlosses hervor. Auch auf dieser Schloßseite bildet ein Risalit die Mitte des Schlosses. Dieser hat links und rechts neben der Erdgeschoßtür je zwei auffallend kurze Pilaster mit gewaltigen Putzkapitellen, die man in solcher Dimension sonst nirgends finden kann. Ranken, Blätter, Blüten und Früchte bilden die einzelnen Elemente der Kapitelle. Leider ist der übrige Putz der Westfassade des Schlosses in einem erbarmungswürdigen Zustand.

Nach Plänen des Architekten Brandes wurde das Schloß 1913 zu einem Sanatorium umgebaut. So ist es nicht verwunderlich, daß heute im Schloß das Krankenhaus der Stadt Fürstenberg untergebracht ist.

Der ehemalige Festsaal wird daher als Aufenthaltsraum für Patienten und ihre Besucher genutzt. Er ist, dem Stil des Schlosses entsprechend, ein schöner, frisch ausgemalter Rokokosaal mit farbig gestalteten Wänden. In die Wände sind auch zwei Kamine eingebaut, über denen sich Stuckfelder befinden. Die Wände des Saals gehen, leicht gewölbt, in die Decke über. Dort rahmt ein rosafarbenes Stuckfeld die grüne Mitte der Decke ein. Auch die Beleuchtung des Saales ist historisch. In einer an der Decke aufgehängten, metallenen, goldfarbigen Weinlaubranke sind, kaum sichtbar, die Glühlampen befestigt.

Das Schloß Fürstenberg hat zwar den Stadtbrand von 1807 gut überstanden, doch nun ist eine Restaurierung dringend erforderlich.

Fürstenberg, Schloß, Ostseite

Fürstenberg, Schloß, Mittelrisalit der Westseite mit großen Putzkapitellen

DER
VON
CARL HERZOG ZU MECKLENBURG

Westlich vom Schloß liegt ein kleinerer Park mit einer Wiese, Kiefern, Birken und vielen Fichten. Der größere Park liegt östlich vom Schloß, auf der anderen Seite der vielbefahrenen Straße (B 96). Er hat den Charakter eines Stadtparks. Neben einer älteren Freilichtbühne, einem gepflegten Wegenetz und Rasenflächen mit Blumenbeeten sind schöne Bäume im Park zu finden. Dazu gehören zahlreiche gepfropfte Krimlinden, stattliche Stieleichen, Blutbuchen und Roteichen, Schwarzerlen am Ufer des Sees sowie viele beschnittene Taxusbüsche. Als dendrologische Besonderheit sind amerikanische Roteschen *(Fraxinus pennsylvanica)* nahe am Seeufer zu nennen.

Mitten im Park steht auch eine Stieleiche, zu deren Füßen ein kleiner Feldstein liegt, der uns wissen läßt, daß es sich bei diesem Baum um eine «Luther-Eiche» handelt. Das eingemeißelte Datum vom 31. Oktober 1917 weist darauf hin, daß dieser Baum aus Anlaß der vierhundertsten Wiederkehr des Lutherschen Thesenanschlags an der Wittenberger Schloßkirche gepflanzt wurde.

Große Kiefernwälder liegen zwischen Fürstenberg und dem dreizehn Kilometer entfernten Dannenwalde. Im Namen des ehemals südlichsten Ortes von Mecklenburg-Strelitz ist die Baumart festgeschrieben (Dannen = Tannen = Kiefern), die im südlichen Mecklenburg auf den nährstoffarmen Sandböden dominiert.

Im Ort steht gegenüber einer verfallenden Zentralbaukirche von 1821 ein gut erhaltenes Schloß, das um 1788 für die brandenburgische Familie von Waldow gebaut wurde. Dessen Mittelrisalit hat mit einer figurenbesetzten Attika, dem Wahlspruch «NON DORMIT QUI ME CUSTODIT» («Der mich behütet, schläft nicht») und den Familienwappen von Waldow und von Bismark sehenswerte Details.

Ein kleiner Park mit Pyramideneichen und Platanen liegt hinter dem Schloß.

Auch im fünf Kilometer entfernten, ebenfalls mecklenburgischen Nachbardorf Blumenow hat einmal ein 1742 erbautes großes Barockschloß gestanden. Es gehörte der in Mecklenburg weit verzweigten Familie von Oertzen und ist erst nach Kriegsende 1945 abgebrannt. Geblieben sind nur geringe Baureste, der Park und die Wirtschaftsanlagen des Gutes.

Von der historischen brandenburgisch-mecklenburgischen Grenze soll es nun zu einigen anderen Sehenswürdigkeiten im ehemals kleineren mecklenburgischen Herzogtum gehen. Dazu führt die Reise über die B 96 nach Norden. Fünf Kilometer hinter Neustrelitz, in Richtung Neubrandenburg, liegt das Dorf Weisdin. Dort sollte eine kurze Rast eingelegt werden, weil ein Barockschloß von 1749 und eine achteckige Kirche (1747–1749) zur Besichtigung einladen. Südlich vom Dorf, auf einem Höhenrücken, lag im Mittelalter eine die Landstraße beherrschende Burg, von der noch geringe Reste erhalten sind.

Hohenzieritz

Das nächste Dorf an der B 96 ist Blumenholz. Dort heißt es, nach Westen abzubiegen, denn das nächste Reiseziel ist das Schloß von Hohenzieritz. Von der auf einer Anhöhe verlaufenden Straße geht es vorerst ins Tollensebecken hinein, das tief in die Landschaft eingeschnitten ist. Auf der westlichen Seite des Tals liegt Hohenzieritz, das schon 1170 als Cyrice urkundliche Erwähnung fand. Viele Besitzer nannten das Dorf ihr eigen, so das Kloster Havelberg, die von Peccatel, auch Jürgen von Schwerin auf Putzar in Vorpommern.

Das alte Schloß von Hohenzieritz brannte 1712 ab, daher sind kaum Informationen über dieses Bauwerk erhalten. Zwischen 1747 und 1751 wurde dann für Hans Christian von Fabian ein neues Schloß gebaut. Es war ein elfachsiges, eingeschossiges Schloß über einem hohen Kellergeschoß, wobei man damals die Fundamente des abgebrannten Schlosses nutzte. Ein hohes Walmdach mit vier Schornsteinen überdeckte den Neubau. Wegen ungeklärter Erbschaftsverhältnisse, von Fabian war 1753 gestorben, wurde das Gut schließlich vom Herzog eingezogen. 1770 schenkte Adolf Friedrich IV. seinem in hannoverschen Diensten stehenden Bruder Carl Ludwig Friedrich das Gut nebst Schloß. Dieser ließ 1776 vor das eingeschossige Schloß zwei ebenfalls eingeschossige, fünfachsige Kavaliershäuser setzen, die nach Plänen des herzoglichen

Hohenzieritz, Schloßkirche

Leibmedikus VERPOORTEN gebaut wurden. VERPOORTEN hatte sich damals bereits als Architekt der Neustrelitzer Stadtkirche einen Namen gemacht.

Ab 1790 begann ein durchgreifender Umbau des Schlosses nach Plänen des Strelitzer Forstingenieurs Johann Christoph DRÄSECKE. Dabei wurde dem Schloß auch ein zweites Geschoß aufgesetzt, und die breiten Mittelrisalite bekamen große Dreiecksgiebel. Im hofseitigen Giebeldreieck sind das herzogliche Wappen und die verschlungenen Initialen des Bauherrn (CLF) angebracht. Das östliche Giebeldreieck ist mit dem in Putz gefertigten mecklenburgischen Wappen, Kanonenrohren und Krone verziert.

Dieser Schloßbau erhielt wieder ein Walmdach mit Gauben, die aber beim Umbau des Daches 1912 verschwanden. Seine interessante, frühklassizistische äußere Gestalt erhält das Schloß durch Kolossalpilaster mit aufwendigen, aus Eichenholz gefertigten Kapitellen.

Auch die Inneneinrichtung war seit 1795 klassizistisch. Jedoch sind davon nur die Raumaufteilung und ein Kachelofen erhalten geblieben.

Das Schloß war seit 1919 Landeseigentum. Es wurden Wohnungen, später auch kommunale Einrichtungen und, weit nach 1945, eine landwirtschaftliche Forschungsstelle beim Rat des Bezirkes Neubrandenburg darin eingerichtet. Auf diese Weise war das Gebäude stets in Nutzung, was den guten Erhaltungszustand bewirkte. Eine Restaurierung des Äußeren erfolgte 1963.

Neben dem Schloß sind auch im Dorf architektonische Sehenswürdigkeiten zu finden. Gegenüber vom Schloß, an der Dorfstraße, steht das zweigeschossige Kruggebäude (Gasthof), das am gewölbten Bohlenbinderdach zu erkennen ist. Es wurde 1804 nach Plänen von Friedrich Wilhelm DUNKELBERG (1773 bis 1844) gebaut. Auch die Schloßkirche, ein klassizistischer Rundbau mit einem Kuppeldach von 1806, stammt von DUNKELBERG. An der Dorfstraße liegt die Schmiede, die wie ein kleiner klassischer Tempel 1823 nach Plänen von Friedrich Wilhelm BUTTEL, DUNKELBERGS Schwiegersohn, gebaut wurde. Jetzt ist darin ein kleines, sehenswertes Museum eingerichtet.

Der östlich vom Schloß angelegte Park wurde bereits ab 1771, kurz nach der Übernahme Hohenzieritz'

Hohenzieritz, Schloß von Nordosten, Parkseite

durch Herzog Carl, vom englischen Gärtner THOMSON gestaltet. Dabei wurde der vorhandene Barockgarten in zwei Etappen in einen Landschaftspark umgewandelt, wobei sowohl das abfallende Gelände am Schloß, als auch die umliegende freie Landschaft einbezogen wurden. Eng verwoben mit einem umfangreichen Wegenetz waren früher im Park eine Vielzahl von Kleinarchitekturen errichtet gewesen, zu denen ein Wasserfall, eine 1795 erbaute «Moschee», ein Billardsaal und anderes gehörten. In der zweiten Gestaltungsphase wurden unter anderem ein Denkmal für die beiden Gemahlinnen des Herzogs Carl und auch der Luisentempel errichtet. Dieser offene Rundtempel, bei dem acht Säulen ein Kuppeldach tragen, ist zwischen 1812 und 1815 durch Chr. Ph. WOLFF zum Andenken an die preußische Königin Luise gebaut worden. Die ehemals im Tempel aufgestellte Marmorbüste der Königin hat jetzt ihren Platz in der Kirche. Königin Luise, die Gemahlin des Preußenkönigs Friedrich Wilhelm III., war die Tochter des mecklenburgischen Herzogs Carl. Bei einem Besuch ihres Vaters verstarb sie im Alter von erst vierunddreißig Jahren am 19. Juli 1810 in Hohenzieritz.

Von der Terrasse des Schlosses und von den östlichen Parkwegen ist ein schöner Blick über das Tollensebecken und auf die gegenüberliegenden Höhenzüge mit der alten Strelitzer Landstraße möglich. Im Norden schimmert auch die Wasserfläche des Tollense-Sees durch die Bäume.

Dort im Tal unmittelbar am Ufer eines anderen, etwa sechshundert Hektar großen Sees mit dem Namen «die Lieps» liegt das Dorf Prillwitz, das vom Park Hohenzieritz aus gut zu Fuß erreichbar ist.

Bereits zur Slawenzeit, vor fast eintausend Jahren, waren die Gegend um die Lieps und auch die Inseln im See dicht besiedelt. Um 1170 wird Prillwitz schon als Besitz des Klosters Broda genannt. Während der Herrschaft der Familie von Peccatel im 13. und 14. Jahrhundert wurde in Prillwitz eine mittelalterliche Burg erbaut. Die ehemalige Burgstelle liegt heute direkt südlich vom Friedhof. Nach mehreren Besitzerwechseln erwarb 1795 schließlich Herzog Carl Gut und Ortschaft und richtete im alten Schloß einen Sommersitz ein. Das alte Schloß liegt am östlichen Ende der Dorfstraße und ist an einem Rundbogenfenster in der oberen Etage zu erkennen. Dieses Haus wurde schon zwischen 1680 und 1705 erbaut. Noch heute ist das massive, elfachsige Schloß bewohnt.

Der Herzog ließ damals am Ufer des Sees einen Park anlegen, in den die alte Peccatelsche Burgruine einbezogen wurde. Es gab später im Park auch einen viereckigen Turm, der als «Aussichtswarte» diente. Er existiert heute nicht mehr. Geblieben sind schöne alte Bäume, darunter drei Platanen, imposante Stieleichen, große Linden und am Ufer Trauerweiden.

Wie so oft war das alte Schloß bald nicht mehr ausreichend. Aus diesem Grund wurde in unmittelbarer Nähe zum alten Schloß zwischen 1887 und 1889 für Adolf Friedrich V. ein neues gebaut. Architekt war der Großherzogliche Baumeister E. MÜSCHEN, der die Pläne zum neuen Schloß nach einer Skizze des Barons von Biel auf Kalkhorst schuf. Das zweigeschossige, mit hartgebrannten Ziegeln verkleidete Schloß fällt besonders wegen der kräftigen Sandstein-Eckquaderungen auf. Mit dem gleichen Material wurden auch der Kellerbereich verkleidet sowie die Fenster- und Türumrandungen hergestellt.

Ursprünglich war das Dach mit englischem Schiefer gedeckt und hatte aufwendig gestaltete Renaissance-Schornsteine. Über den Erkern und dem Portal standen in Dachhöhe ehemals schöne Volutengiebel. Auch hatte das Schloß an der Westseite früher einen Turm mit spitzem Helm, von dem nur die beiden unteren Etagen erhalten sind. Im Keller lag ein fünf Meter tiefer Brunnen. Per Hand wurde das Wasser von dort in einen Wasserbehälter im Dach gepumpt und konnte von dort zu den verschiedenen Gebrauchsstellen im Schloß fließen. Von der Innenausstattung sind die große getäfelte Eingangshalle und das Speisezimmer erwähnenswert, in dem ein zwei Meter hohes Nußbaumpaneel und eine hölzerne Kassettendecke erhalten sind. Im benachbarten ehemaligen «Kabinett» sind noch alte Wandstukkaturen zu sehen. Bislang war das Schloß ein betriebliches Ferienheim mit öffentlicher Gaststätte.

Prillwitz, Neues Schloß vom Park aus, mit Ostgiebelseite

Wer von Prillwitz wieder zurück zur B 96 fährt, durchquert Wendfeld, ein kleines Dörfchen. Vom südlichen Ortsrand führt ein Weg zu den östlich vom Dorf liegenden «Hellbergen». Von dort aus bietet sich ein beeindruckendes Panorama auf das schon erwähnte Tollensebecken. Sowohl das Schloß Hohenzieritz im Westen als auch der in nördlicher Richtung gelegene Tollensesee und die Lieps sowie die großen Wälder des Brodaer Holzes am Westufer des Sees sind von den mit Trockenrasen, Ginster, Rosenbüschen und Kiefern bewachsenen Hügeln zu erkennen. Im Hintergrund, fast zwanzig Kilometer entfernt, leuchten die hellen Hochhäuser der Stadt Neubrandenburg.

Über die B 96 geht es nun weiter bis vor die Tore Neubrandenburgs. Dort heißt es nach Osten, nach Burg Stargard, abzubiegen.

Burg Stargard

Das Städtchen Burg Stargard liegt zehn Kilometer südlich von Neubrandenburg. Schon 1170 gehörte die Siedlung zum Besitz des Klosters Broda und war Mittelpunkt des Landes Stargard. 1235 fiel das Land Stargard an die Mark Brandenburg. Der brandenburgische Markgraf Joachim I. ließ ab 1248 im heutigen Burg Stargard die namensgebende Burg zur Sicherung des Gebietes anlegen. Dabei bediente man sich einer bereits vorhandenen ehemals slawischen Fluchtburg. Im gleichen Jahr gründete Joachim I. auch Neu-Brandenburg am Ufer des großen Tollensesees. Nur wenig später, 1259, erhielt auch Stargard Stadtrecht.

Die Burg liegt auf einem hoch gelegenen Plateau über der Stadt und dem Lindebach.

Von der Burg stehen heute, wenn auch verändert, noch zahlreiche Gebäude und Ruinen, so daß die Burg Stargard als eine der wenigen in Mecklenburg angesehen werden kann, an der die Bauprinzipien mittelalterlicher Burgenarchitektur noch vollständig ersichtlich sind.

An der Ostseite der Burganlage ist das Schutzsystem von Wall und Graben durchbrochen. Die hier angelegte Zufahrt wurde jedoch durch das untere Torhaus gesichert. Durchquert man heute den alten Torbo-

Burg Stargard, Burg, das innere, neue Torhaus von der Vorburg aus, rechts davon die ehemalige Münze

gen und den Bereich der bebauten Vorburg, gelangt man in gerader Linie zum oberen Torhaus. Ursprünglich hatte man das Tor zur Burg aber nicht dort, sondern etwas weiter südlich angelegt. Dieses ältere Torhaus ist noch vorhanden, wenngleich es nicht sofort als Torhaus erkennbar ist. Ein Fachwerkgiebel kennzeichnet es. Unter diesem Giebel sind im Backsteinmauerwerk Spitzbogenfenster eingebaut. Mit einiger Phantasie ist auch die ehemalige Tordurchfahrt zu erkennen, die später vermauert wurde. Da sich im Mittelalter links und rechts neben dem alten Torhaus die herzoglichen Wohngebäude befanden, war im Obergeschoß des Torhauses die Burgkapelle eingerichtet. Der Zugang zur Kapelle erfolgte von den oberen Etagen der Burggebäude aus. Der aufmerksame Besucher wird an den Mauern des unteren und oberen, älteren Torhauses auch Rundbogenfriese finden, obwohl im 13. Jahrhundert schon längst die Zeit der Spitzbogen-Gotik angebrochen war.

Das markanteste Gebäude der Burg ist der weit über das Land schauende Bergfried. Er ist aus Feldsteinen gemauert und mit Backsteinen verkleidet. Sein Unterbau stammt aus dem 13. Jahrhundert. Die Mauern sind hier 3,95 Meter stark. Aber auch im oberen Bereich ist eine Mauerstärke von zwei Metern noch recht beachtlich. Den Zinnenkranz und das Kegeldach erhielt der Turm erst 1823, nachdem 1807 Teile des Turms abgebrochen werden mußten. Das Mauerwerk und die Wasserabdichtung des Turms wurden 1990 erneut instandgesetzt. Neben dem Turm liegt das zweigeschossige «Krumme Haus», in dem früher die Burgbesatzung wohnte. Die Mauern des Hauses bilden faktisch die Fortsetzung der Schildmauer, die einst die Burg umgab. Ein Feuer vernichtete am 19. Dezember 1919 das zweigeschossige, mit einem hohen Satteldach versehene Haus. Durch verschiedene mißliche Umstände kamen damals die Löscharbeiten nicht rechtzeitig in Gang. Weil die Burg keine eigene Wasserversorgung hatte, mußte das Löschwasser von der Stadt auf die Burg gefahren werden! Außerdem waren der damalige Burgherr, der Landdrost von Stargard, und auch der Bürgermeister der Stadt nicht am Ort, so daß keine konzentrierte Leitung der Löscharbeiten erfolgte. Auch die aus Neubrandenburg gerufene «Dampfspritze» konnte schließlich nicht eingreifen, weil auf den schlechten, gefrorenen Wegen wichtige Ventile abgebrochen waren. So brannte das «Krumme Haus» völlig aus und kann heute nur als Ruine besichtigt werden.

Das größere Haus an der Nordseite der Burg war von 1742 bis 1749 die Münze von Mecklenburg-Strelitz. Bis 1990 war in diesem Haus eine Jugendherberge eingerichtet gewesen, die in der Stadt nun ein neues, besseres Domizil erhalten hat.

Andere alte Burggebäude fehlen inzwischen ganz, dazu gehören auch Brau- und Waschhaus.

Ursprünglich war die Burg Sitz der Stargarder Landesfürsten gewesen, nachdem das Land 1292 durch Heirat an Mecklenburg gefallen war. 1471 starb die Stargarder Herzogslinie mit Ulrich II. aus, und die Güstrower Herzöge wurden die Herren des Landes Stargard und der Burg. Durch die Erbteilung von 1701 erhielt Stargard wieder mehr Bedeutung, jedoch nahm der Herzog seinen Sitz nicht in der Burg. Sie wurde nur noch selten als herzogliches Quartier genutzt, so daß die Gebäude verfielen. Aus diesem Grund wurden auch die ehemaligen Wohngebäude, das «alte Schloß» neben dem alten Torhaus 1708 abgebrochen und an ihrer Stelle Stallungen und eine Remise neu gebaut. Im «Krummen Haus» richtete man schließlich ein herzogliches Amt ein, das von Beamten verwaltet wurde.

Auch in der geräumigen Vorburg, die heute noch bebaut und bewohnt ist, waren landwirtschaftlich genutzte Gebäude errichtet worden, nachdem sich die Aufgaben der Burg gewandelt hatten. Dazu gehört auch das eingeschossige Haus gleich rechts neben dem unteren Torhaus, das als Hengststation, Magazin und Kornboden diente. Auf der anderen Seite des Zufahrtsweges zur Burg entstand 1852 an Stelle des 1710 gebauten Pförtnerhauses das aus Fachwerk errichtete, zweigeschossige Gefangenenhaus.

Von der Burg führt ein steiler, gepflasterter Weg in die Stadt hinab. Dabei kommt man gleich hinter der Eisenbahnbrücke auch am ältesten Haus, dem heutigen Heimatmuseum, vorbei. Ein reizvoller Wanderweg führt von Burg Stargard durch das Lindebachtal nach Neubrandenburg. Von den ehemals vielen Wassermühlen im Tal ist nur die Ruine einer Papiermühle mit einem eisernen Kollergang erhalten.

Wer weiter auf den Spuren mecklenburgischer Schlösser und Gutshäuser wandeln will, wendet sich von Burg Stargard ostwärts. Nach zehn Kilometern ist das Dorf Leppin im Kreis Strasburg erreicht.

Das Gutshaus in Leppin ist in zweierlei Hinsicht interessant. Wie viele Schlösser und Gutshäuser erfuhr es im Laufe seiner Geschichte bauliche Veränderungen, die es heute schwer machen, das Ursprüngliche vom Modernisierten zu unterscheiden. Das Gutshaus liegt ganz in der Nähe der großen Wirtschaftsanlagen. Es müßte auf Grund seiner Größe eigentlich als Schloß bezeichnet werden.

Das Leppiner Haus wurde im Kern schon im 18. Jahrhundert errichtet, als das Gut in den Besitz der Familie von Oertzen gekommen war.

Für Jasper von Oertzen ist das Schloß in der Mitte des 19. Jahrhunderts nach Plänen von Friedrich Wilhelm Buttel (1796–1869) im neogotischen Stil umgebaut worden. F. W. Buttel «modernisierte» 1843 übrigens auch Teile der Dorfkirche. Das Schloß zeigt sich in strenger, gerader Linienführung, die nur durch zahlreiche gotische Türmchen an den Treppengiebeln und Risaliten durchbrochen wurde. Früher hatten auch die großen Schornsteine Zinnen, und das Dach war mit zwei Reihen kleiner Mansardenfenster versehen. Neben diesem Umbau ist am Schloß Leppin durchaus anmerkenswert, daß die eingeschossigen Seitenflügel im stumpfen Winkel an das Haupthaus angesetzt sind. Bei genauerer Betrachtung stellt sich sogar heraus, das der «Knick» schon im Haupthaus einge-

Burg Stargard, Burg, Neues Torhaus vom Burghof aus

baut ist. Besonders deutlich wird dies auf der Parkseite des Schlosses. Zeigt sich die Hofseite des zweigeschossigen Hauses mit elf Achsen, so können in der Parkfassade des Mittelbaus zwölf Achsen gezählt werden, weil der Mittelrisalit hier mit vier Fenstern ausgestattet ist. Zu dieser Zahl kommen dann noch einmal an jeder Giebelseite zwei Fenster hinzu, da durch den Knick im Haus an der Parkfassade nun mehr Wandfläche zur Verfügung stand. Auf diese Weise zählt das Haupthaus hier insgesamt sechzehn Achsen. Das Schloß erscheint auf der Parkseite übrigens dreigeschossig, weil ein hohes Kellergeschoß voll zur Geltung kommt.

Die Seitenflügel des Schlosses sind bewohnt. Im Haupthaus waren bisher die Lehrlinge des Staatsgutes Leppin untergebracht.

Südlich vom Schloß erstreckt sich heute ein Sportplatz, hinter dem die Reste des Parks liegen. Eine alte Hainbuchenreihe bildet die westliche Grenze des Parks zur Feldflur. Vor dem Hauptportal des Schlosses liegt eine gepflegte Rasenfläche, an der alte Sommer-

Leppin, Schloß, Parkseite

und Winterlinden und auch eine gelbblühende Roßkastanie stehen.

Eine nennenswerte Seltenheit stellen mehrere, zur Brutzeit besetzte Storchennester auf dem Dach des Schlosses dar.

Noch einmal zehn Kilometer sind es von Leppin über Alt Käbelich (B 104) bis nach Cölpin. Wer den alten Landweg von Leppin nach Cölpin benutzt, ist schon nach fünf Kilometern am Ziel. Dort ließ vor mehr als zweihundert Jahren ein bedeutender Mann des Herzogtums Mecklenburg-Strelitz für sich ein Schloß erbauen und einen Park anlegen.

Dieser Mann war Stephan Werner von Dewitz (1726–1800). Er hatte 1750 das Gut Cölpin von seinem Vater übernommen und dies in kurzer Zeit zu einem wirtschaftlich sehr erfolgreichen Betrieb entwikkelt. Dabei wendete er für die damalige Zeit neue Erkenntnisse der Land- und Forstwirtschaft an, die er sich bei einem Aufenthalt in England angeeignet hatte.

Leppin, Schloß, Hofseite

St. W. von Dewitz trat 1765 in die Dienste des Herzogs von Mecklenburg-Strelitz Adolf Friedrich IV., Fritz Reuters «Dörchläuchting». Ihm wurde die Leitung des Kammer- und Forstkollegiums übertragen. 1775 ernannte ihn der Herzog schließlich zum Geheimen Ratspräsidenten und Minister. Während seiner Amtszeit wurden in Mecklenburg-Strelitz wesentliche Fortschritte in der Landwirtschaft und manifakturellen Industrie erreicht. So erschloß man Flächen für den Ackerbau, neue Weideflächen wurden hinzugewonnen und die Schafzucht verbessert. Auf seine Anregung hin sind Leder-, Papier- und Tuchfabriken angelegt worden.

Auf Grund der erfolgreichen Tätigkeit des von Dewitz als Wirtschaftsfachmann und Minister holte ihn 1784 Herzog Friedrich Franz I. nach Schwerin in seine Regierung.

St. W. von Dewitz war in Cölpin aufgewachsen. Das Wohnhaus seines Vaters war sehr klein gewesen, so daß er mit seinen vier Brüdern außerhalb des elterlichen Hauses wohnen mußte. Nur die Schwestern fanden damals Platz «über der Stube der Eltern». Er erinnerte sich 1781: auch «... meine Eltern selbst waren enge, kalt und schlecht logiret ...» (Gantzer, 1912–18).

So ist es nicht verwunderlich, daß er am 14. August 1778 den Grundstein für ein größeres Haus legte. Bis 1780 wurden die zweigeschossigen Umfassungsmauern und das Dach errichtet. Daran erinnert noch heute sein Monogramm mit dieser Jahreszahl am nordwestlichen Giebel des Schlosses. Eilig hatte es der Bauherr jedoch nicht, denn das Jahr 1781 verging nur zum Austrocknen des Rohbaus. Zwischen 1783 und 1785 erfolgte schließlich der Ausbau des Schlosses, so daß es nach einer Gesamtbauzeit von sieben Jahren dann bezogen werden konnte.

Weil das Haus sehr groß und teuer ausgefallen war, sprach Stephan Werner von Dewitz damals einen Wunsch aus:

«Behüte doch der Allerhöchste, daß weder mein Sohn, falls ihn Gott erhält, noch ein anderer meiner Nachkommen dies Haus zum Fress-, Sauf-, Spiel- und Tanzhaus mache und dabei ihr wolerworbenes altväterliches Erbguth und Vermögen ... verprassen, verschlemmen und mit Sünden durchbringen mögen.» (Gantzer, 1912–18)

Schloß Cölpin steht noch heute als blockhafter Spätbarockbau von dreizehn Achsen im Dorf. Im Schloß sind jetzt einige Klassenräume der Schule und eine Gaststätte untergebracht. Allerdings steht die Nordwestseite im Obergeschoß leer und befindet sich nicht in bestem Zustand.

Stephan Werner v. D. und sein Sohn Friedrich Georg Karl, der das Gut 1803 übernahm, legten den Park am Schloß an. Im Gegensatz zu vielen anderen ländlichen Parkanlagen ist der von Cölpin genutzt und gepflegt worden. Auf einem Wegenetz kann man den Park durchstreifen und wird feststellen, daß nicht nur die Wiesenflächen gemäht sind, sondern auch Neupflanzungen von Gehölzen vorgenommen wurden. Daß dabei am Teichufer auch alte Sichtachsen zugepflanzt wurden, ist der fehlenden fachlichen Unterweisung bei der Parkpflege geschuldet.

An alten Parkbäumen sind Eichen, Bergahorn, Eschen, Blutbuchen und Linden zu finden. Neben Pyramideneichen sind zwei am Teichufer wachsende Sumpfzypressen *(Taxodium distichum)* als dendrologische Besonderheiten zu nennen. Diese im Herbst ihre weichen Nadeln abwerfenden Bäume stammen aus Nordamerika. Typisch ist für die Baumart, daß die Bäume Wurzelhöcker über der Erde bilden. Zwei sehr stattliche Bäume, eine Stieleiche und Platane, stehen vor dem Schloßportal.

Gegenüber vom Schloß, auf der anderen Straßenseite, wartet eine aus unverputzten Backsteinen errichtete alte Schmiede mit Arkaden auf die dringend notwendige Restaurierung. Auch der nordwestlich vom Schloß gebaute Marstall verfällt zusehends.

Ein Barockschloß, das etwas früher gebaut wurde, befindet sich in Sponholz, einem Dorf, das fünf Kilometer von Cölpin entfernt liegt.

Das Sponholzer Schloß entstand zwischen 1742 und 1745 für den erst 1744 geadelten Johann von Altrock. Architekt des Schlosses war der damals in Mecklenburg-Strelitz stark beanspruchte Kunstgärtner Christoph Julius Löwe.

Das Sponholzer Schloß fiel jedoch im Vergleich zu den von Löwe entworfenen herzoglichen Schlössern deutlich kleiner und bescheidener aus.

Im Gegensatz zu den Flügelbauten von Neustrelitz, Mirow und Fürstenberg, deren Entwürfe auch von Löwe stammten, ist das Schloß Sponholz heute ein blockhafter Bau.

Ältere Quellen lassen uns aber wissen, daß auch das Sponholzer Schloß bis 1915 Seitenflügel an der nach Nordwesten gewandten Seite hatte. Aber auch ohne diese Seitenflügel ist das Schloß sehenswert.

Über einem gewölbten Kellergeschoß erheben sich zwei hohe Wohngeschosse. Diese sind mit einem Walmdach überdeckt. Vier symmetrisch auf dem Dachfirst verteilte Schornsteine schmücken das mit Ziegeln gedeckte Dach. Früher hatte das Dach auch auf jeder Seite zwei flache Fledermausgauben, die jedoch bei einer Dachinstandsetzung in den achtziger Jahren unseres Jahrhunderts beseitigt wurden. Das neun Achsen breite und fünf Achsen tiefe Schloß ist ein verputzter Ziegelbau.

Durch ein Mezzaningeschoß ist der Mittelrisalit höher als das übrige Schloß. Über diesem Halbgeschoß erhebt sich ein barocker, geschwungener Giebelaufsatz. Er ist auf der Hofseite mit dem Wappen der Familie von Altrock versehen. Dort, wo sich am Giebelrand die geschwungenen Bögen treffen, stehen auf Postamenten Vasen. Sie waren ursprünglich aus Eichenholz gefertigt, sind 1915 jedoch durch solche aus Kunststein ersetzt worden. Die Spitze des Giebelaufsatzes krönt eine weibliche Figur. Auch der Giebelaufsatz an der anderen Schloßseite ist auf diese Weise geschmückt. Im Giebel der Schloßrückseite befindet sich, gut erhalten, das verschlungene Monogramm des Bauherrn (JvA).

Über eine von zwei Linden eingefaßte steile Treppe erreicht man die große Diele des Schlosses. Die Geländer der einläufigen Holztreppe ins Obergeschoß sind in barocken Formen einfach aus dem Holz herausgesägt worden.

Das Haus selbst ist ohne Korridore gebaut. Alle Zimmer sind daher Durchgangszimmer. Hinter der Diele, nach Norden gerichtet, liegt der untere Saal des Schlosses. Er diente zusammen mit den beiden benachbarten Zimmern bisher als Kultursaal des Dorfes. Auch in der oberen Etage liegt, zur Nordseite hin, ein sechzig Quadratmeter und 6,60 Meter hoher Saal. Jedoch ist dieser Saal niemals fertiggestellt worden! Noch heute hat er unverputzte Ziegelwände und keine

Decke, so daß die starken hölzernen Balken des darüberliegenden Dachgeschosses zu sehen sind.

Einige Räume des Erdgeschosses, in denen auch die Gemeindeverwaltung arbeitet, haben Stuckdecken. Als besondere Verzierung sind in diesen Räumen rechteckige, reliefartige Stuckfelder mit szenischen Darstellungen über den Türen angebracht worden. Die meisten dieser Supraporten sind farbig bemalt. Der Mode der Barockzeit entsprechend, ist dabei auch die Darstellung eines Schäferstündchens zu finden. Eine farbig bemalte Stuckdecke zeigt die Elemente Feuer, Wasser, Wind und Erde in Gestalt von vier pausbäckigen Knaben.

Ab 1983 wurde das Schloß repariert. Dabei ist das Dach neu gedeckt und der Putz des südöstlichen Mittelrisaliten sowie des nordwestlichen Giebels erneuert worden.

Neben der Gemeindeverwaltung und dem Kultursaal beherbergt das Schloß heute nur noch die Gaststätte «Zum Schloßkrug». Einen Raum nutzt die Schule des Dorfes, der Rest steht leer.

Der ehemals westlich vom Schloß angelegte Park ist heute nicht mehr auffindbar. An seiner Stelle liegen Kleingärten mit der charakteristischen mecklenburgisch-vorpommerschen Schuppenarchitektur. Nur einige alte Stieleichen, Eschen und eine Trauerbuche erinnern sehr schwach an den früheren Schloßpark.

Von ganz anderer Art ist das nächste Reiseziel. Es liegt in Galenbeck, am gleichnamigen See. Das Dorf liegt dicht an der historischen mecklenburgisch-vorpommerschen Grenze, etwa dreißig Kilometer von Sponholz entfernt, zwölf Kilometer östlich von Friedland.

Schon seit langer Zeit verläuft unweit der Ortschaft quer durch die Friedländer Große Wiese und im Großen Landgrabental die Grenze zwischen Mecklenburg und Pommern. Von beiden Seiten ist die Grenze im Mittelalter durch Burgen befestigt gewesen. Eine der Burgen auf mecklenburgischem Gebiet wurde am sumpfigen Ufer des Galenbecker Sees gebaut. Etwa zweihundert Meter nordwestlich der Kirche liegt heute die erschlossene Burganlage, die im 13. Jahrhundert

Sponholz, Schloß, Hofseite

Zum Schlo

durch Lehnsleute des Brandenburgischen Markgrafen errichtet wurde. 1304 ging die Burg zusammen mit dem Land Stargard in den Besitz der mecklenburgischen Fürsten über. Von 1392 bis 1945 gehörte das Gut Galenbeck dann der Familie von Rieben.

Der mittelalterlichen Burg war kein langes Leben beschieden. Eine Stralsunder Streitmacht belagerte und zerstörte bereits 1453 die Befestigung. Reste der Burg können jedoch besichtigt werden, weil in den siebziger und achtziger Jahren Bodendenkmalpfleger und Schülerarbeitsgemeinschaften unter der Leitung von Uwe SCHWARZ hier umfangreiche Ausgrabungen vornahmen. Die aufgefundenen Wälle, Gräben und Grundmauern wurden gesichert und für Besichtigungen erschlossen. Dazu gehören auch die Fundamente des Palas der Burg. Der Turmhügel selbst ist nur 25×25 Meter groß, viel Platz war damals wahrlich nicht in einer Burg. Am Rand des Hügels erhebt sich, noch neun Meter hoch, der ungewöhnliche Bergfried der Burg. Eigentlich ist es nur ein halber Turm, das sieht der Besucher jedoch erst, wenn er sich zur Westseite begibt. Dieser im ersten Drittel des 15. Jahrhunderts erbaute Turm ist überwiegend aus Feldsteinen gemauert, jedoch innen und außen mit Backsteinen verkleidet. Einige besonders große Feldsteine schauen durch den Backsteinmantel hindurch. Als Fluchtturm angelegt, war der Zugang nur über Leitern in ein oberes Geschoß des Turms möglich. Eine Tür zu ebener Erde gab es nicht.

Wer den Turm umrundet hat, dem offenbart sich die tatsächliche Stärke der Turmmauern. Das ist beim Galenbecker Turm besonders gut zu sehen, weil der Turm wie mit einem Messer von oben nach unten halbiert ist. Dadurch sind die Mauern an der Basis mit einer Stärke von 3,30 Metern genau vermessen worden. Bei einem äußeren Durchmesser von 9,20 Metern verblieb für den nutzbaren Innenraum nur ein Durchmesser von 2,60 Metern. Umgerechnet ergibt das eine Grundfläche von knapp 5,50 Quadratmetern, die allerdings in mehreren Etagen als letzter Rückzugsort zur Verfügung standen. Von allen Burgtürmen Mecklenburgs unterscheidet sich der Galenbecker durch die Tatsache, daß er sehr schief steht und hierin dem berühmten Schiefen Turm von Pisa sehr ähnlich ist.

Zwischen Kirche und Burganlage, auf festem Boden, wurde im 18. Jahrhundert ein Fachwerkbau als herrschaftliches Wohnhaus errichtet. Wie die Fachwerkgliederung verrät, geschah das in zwei Bauetappen. Die Haustür befindet sich heute nicht symmetrisch im Haus, was für die Barockzeit ungewöhnlich wäre. Um diese Tür herum jedoch wurde symmetrisch gebaut. Links und rechts neben ihr liegen je vier Fenster. In der oberen Etage sind diese acht Fenster in Gruppen zusammengefaßt worden.

Dieses erste Fachwerkhaus wurde an den Seiten durch die Fachwerkfigur des «halben Mannes» abgeschlossen. Später erst ist das Gutshaus noch nach Westen erweitert worden. In einfacher ausgeführtem Fachwerk wurden weitere vier Achsen angefügt und unter einem gebrochenen Krüppelwalmdach mit dem älteren Teil des Hauses vereinigt. Dieses Dach hat fünf schöne Fledermausgauben.

Bauschäden sind am Gutshaus unverkennbar, da in den letzten fünfundvierzig Jahren nie Finanzmittel oder Baukapazität für die Erhaltung des Gebäudes bereitgestellt wurden.

In der Diele des Hauses ist eine kleine Ausstellung zur Burg Galenbeck aufgebaut.

Unmittelbar an der Burgruine beginnt das Naturschutzgebiet «Galenbecker See», ein Feuchtgebiet von internationaler Bedeutung. Am Zugang zur Burgruine, unter alten Linden, weist ein illustrierter Lehrpfad auf die natürlichen Besonderheiten dieses einmaligen Gebietes hin.

Neben Burg und Gutshaus, in dem übrigens G. L. von Blücher 1760 seinen Übertritt zu den Preußischen Husaren des Oberst Belling vollzogen haben soll, steht in Galenbeck auch ein schilfgedecktes Seitenlaubenhaus.

Wer dann noch Zeit und Muße hat, kann in der Nähe der Nerzfarm, an einer Ecke des ehemaligen Gutsparks, die «Luisenlinde» besichtigen. Dabei handelt es sich um eine der in Mecklenburg sehr seltenen Tanzlinden, bei der findige Gärtner und Zimmerleute eine Tanzfläche in die speziell dazu gezogene Krone einer Linde eingebaut haben.

*Galenbeck,
Ruine der Burg
mit Bergfried
von Osten aus*

Schönhausen

Auf der anderen, westlichen Seite der Brohmer Berge, einem großen bewaldeten Landschaftsschutzgebiet, liegt das Gutshaus von Schönhausen. Dazu muß man von Galenbeck nach Wittenborn zurückfahren. Von dort führt die Straße nach Strasburg auch durch Schönhausen. Quer durch die Brohmer Berge sind es über Gehren-Georgenthal etwa zehn Kilometer Fußweg, mit dem man sich ein hochinteressantes, ausgesprochen bergiges und wildreiches Gebiet erschließen kann.

Im Gutshaus von Schönhausen ist die Schule des Ortes eingerichtet. Zwischen 1988 und 1990 wurde am Gebäude der Putz erneuert, so daß das Gutshaus jetzt im wahrsten Sinne des Wortes sehenswert ist. Für Heinrich von Michael wurde es 1843 erbaut. Die Pläne hierfür lieferte kein anderer als der Neustrelitzer Hofbaumeister Friedrich Wilhelm BUTTEL, der als Architekt ein gefragter und sehr produktiver Mann gewesen sein muß. Das herrschaftliche Wohnhaus in Schönfeld ist ein «echtes» Gutshaus, denn es liegt am Rand eines Gutshofes, dessen massive Wirtschaftsgebäude etwas später, erst 1854/55, erbaut wurden.

Vom Gutshaus führt eine Rotdornallee zum Park. Im hügligen Parkgelände weist eine Geländesenke von fünfzehn Metern Durchmesser auf ein früher vorhandenes Turmfundament einer mittelalterlichen Burganlage hin. Desweiteren liegt im Park auch eine Gruft mit einer aus Feldsteinen gemauerten Fassade. Die Gruft ist erst nach 1925 entstanden, als an dieser Stelle mehrere alte Kellergewölbe aus dem 16. Jahrhundert entdeckt wurden.

Zu den Sehenswürdigkeiten in der Umgebung von Schönhausen gehören auf jeden Fall die Alteichen auf der «Pferdekoppel» von Rattey, das sieben Kilometer nordwestlich von Schönhausen liegt. Die schon seit Urzeiten genutzten Weideflächen befinden sich zu beiden Seiten des Gutsparks. Dort stehen noch fünfzehn alte Eichen, deren Stammumfänge fünf bis sieben Meter betragen.

Die Rundreise zu den Burgen, Schlössern und Parkanlagen in beiden Mecklenburg neigt sich dem Ende entgegen. Sie soll an der historischen Grenze von Meck-

Wolfshagen, Ruine der Blankenburg im Park

lenburg-Strelitz und der preußischen Uckermark enden.

Ehe aber Wolfshagen erreicht ist, kann man, von Strasburg kommend, einen Abstecher zum Gutshaus von Mildenitz machen. Das zwischen 1983 und 1988 restaurierte, schon lange Zeit als Altersheim genutzte Gebäude wurde in zwei Bauetappen errichtet. Seine endgültige, heutige Gestalt erhielt es nach 1850. Bauherren waren die Grafen von Schwerin, eine sowohl in Mecklenburg und Vorpommern als auch der Ukkermark und Brandenburg alteingesessene Familie.

Von Mildenitz sind es sieben Kilometer über die Fernstraßen B 104 und B 198 bis nach Wolfshagen (Ukm.). Dieses Dorf liegt unmittelbar an der historischen Grenze von Uckermark und Mecklenburg-Strelitz, schon auf ehemals brandenburgisch-preußischem Territorium. Daraus resultierte auch die Entwicklung des Ortes, die um 1250 mit dem Bau einer mittelalterlichen Befestigung begann. Sie wurde nach der darauf ansässigen Familie «Blankenburg» genannt. Von dieser Burg sind der Bergfried und Fundamentreste auf dem Burghügel erhalten. Während der Renaissanceepoche wurde schließlich am östlichen, brandenburgischen Ufer des Haussees ein Schloß erbaut. In Merians Topografie von Brandenburg und Pommern (1652) ist dessen Ansicht überliefert. Schloßherren waren damals bereits die von Schwerin. Zwischen 1723 und 1738, die Angaben sind widersprüchlich, wurde an Stelle des Renaissanceschlosses ein großes Barockschloß für die 1700 in den Reichsgrafenstand erhobene Familie neu gebaut. 1945, gegen Kriegsende, wurde das Schloß zerstört und später abgetragen. Im Zusammenhang mit einem Schloßumbau kam es 1829 auch zum Kontakt mit Peter Joseph Lenné (1789–1866), der 1832 für die Parkumgestaltung einen entsprechenden Plan lieferte.

Unter Ausnutzung des natürlich bewegten Geländes und des Sees wandelte er den streng geometrisch gegliederten Barockgarten in einen Landschaftspark um. Dabei bezog Lenné auch die Ruine der Blankenburg mit ein, die auch heute im gepflegten Park ein markanter Punkt ist.

Wer sich im Dorf Wolfshagen umschaut, dem werden auch andere interessante Gebäude im Dorfbild auffallen. In den aus unverputztem, behauenem Feldstein gebauten Häusern wurden die Fenster- und Türeinfassungen aus rotem Backstein gefertigt. Gotisch anmutende Spitzbogenfenster und -blenden zieren noch heute die Feldsteinwände so manchen Hauses.

Schönhausen, Gutshaus, Hofseite

Diesen neogotischen Backsteindekor hat das frühere brandenburgisch-preußische Zollhaus gleich neben dem Gasthaus «Zur Königssäule», auch das Fischerhaus hinter der Kirche und mehrere Landarbeiterhäuser, die zwischen 1834 und 1836 entstanden waren. Bemerkenswert sind bei diesen Häusern auch die in Mecklenburg nur selten verwendeten Bohlenbinderdächer.

An dieser Stelle ist die Reise durch die fast eintausendjährige mecklenburgische Geschichte beendet. Burgen, Schlösser und Parkanlagen sind architektonische Zeugnisse für Kreativität und Fleiß der Architekten, Baumeister, Maurer, Kunsthandwerker, Parkgestalter und Gärtner, die in unverwechselbarer Art und Weise einen charakteristischen Teil mecklenburgischer Kunstgeschichte schufen, den es zu erhalten gilt.

Ausgewählte geschichtliche Ereignisse in Mecklenburg

um 600 Die slawische Besiedelung des mecklenburgischen Raums ist abgeschlossen.

um 1160 Tod des Slawenfürsten Niklot bei Kämpfen um die Burg Werle, Besetzung des slawischen Landes durch Heinrich den Löwen, der Niklots Sohn Pribislaw in die mecklenburgische Herrschaft einsetzt,
Ansiedlung deutscher Vasallen in den ehemaligen slawischen Burgen.

1227 Mit Heinrich Borwin stirbt der letzte slawische Fürst Mecklenburgs, es entstehen vier mecklenburgische Fürstentümer.

1236 Vertrag von Kremmen; Die Pommernherzöge schließen gegen den Bischof von Schwerin einen Vertrag mit den brandenburgischen Markgrafen, überlassen diesen dafür die Länder Stargard, Beseritz und Wustrow.

1256 Fürst Johann erbaut in Wismar ein Schloß, das einhundert Jahre lang Stammsitz der mecklenburgischen Fürsten war.

1259 Zusammenschluß der Städte Wismar, Rostock und Lübeck zur Bekämpfung von See- und Straßenraub.

1316 Die Mecklenburger besiegen in der Schlacht bei Gransee die Brandenburger.

1317 Templiner Frieden; Das Land Stargard geht endgültig an Mecklenburg über.

1348 Durch Kaiser Karl VI. werden die Fürsten von Mecklenburg zu Reichsfürsten erhoben. Erst seit dieser Zeit gibt es Herzöge von Mecklenburg.

1471 Tod Ulrichs von Stargard; da er ohne Erben starb, ging das Land Stargard auf Herzog Heinrich IV. ‹den Dicken› in Schwerin über. Damit war Mecklenburg wieder in einer Hand vereinigt.

1520 Erste lutherische Predigten in Rostock.

1527 Das Sternberger Kloster wird reformiert.

1549 Auf dem Landtag von Sternberg wird der reformierte Glauben zur Landeskonfession bestimmt.

1552 Säkularisierung der Klöster Dargun, Doberan, Marienehe, Tempzin, Eixen, Kraak, Broda und Rehna.
Gründung der Domschule Güstrow.

1555 Säkularisierung der Klöster Zarrentin, Ivenack, Wanzka und Neukloster.

1576 Herzog Johann Albrecht I. stirbt; in seinem Testament ist zum ersten Mal von der Erstgeburtserbfolge (Primogenitur) die Rede.

1611 Ämterteilung von Fahrenholz; Mecklenburg wird in eine Schweriner und Güstrower Linie geteilt.

1628 Kaiserliche Truppen unter Tilly und Wallenstein fallen in Mecklenburg ein.
Die Festung Dömitz wird an Wallenstein übergeben.
Wallenstein erhält Mecklenburg als erbliches Lehen.

1631 Der schwedische König Gustav Adolf besetzt Neubrandenburg, später Erstürmung der Stadt durch kaiserliche Truppen unter Befehl Tillys.

1644 Das «feste Schloß» Boitzenburg wird durch den brandenburgischen General Gallas gesprengt.

1648 Angliederung des Landes Ratzeburg an Mecklenburg.

1695 Herzog Gustav Adolf von Mecklenburg-Güstrow verstirbt ohne Erben.

1697 Durch kaiserlichen Schiedsspruch wird der Schweriner Herzog Friedrich Wilhelm als Landesherr von Mecklenburg-Güstrow eingesetzt.

1701 Hamburger Vergleich; die Erstgeburtserbfolge wird verbindlich festgelegt. Der Schweriner Herzog wird als alleiniger Nachfolger für den Güstrower Landesteil bestimmt.
Herzog Adolf Friedrich II. (der Schwiegersohn des verstorbenen Gustav Adolf) erhält für seinen Verzicht auf die Erbfolge eine Abfindung in Form erblicher Überlassung des Fürstentums Ratzeburg und der Herrschaft Stargard. Das Herzogtum Mecklenburg-Strelitz war geschaffen worden.

1720 Erster gemeinsamer Landtag beider Mecklenburg abgehalten.

1725 Das Grabower Schloß brennt ab.

1730/40 Einführung des Kartoffelanbaus in Mecklenburg.

1752 Erneuerung des Schutz- und Erbfolgevertrages mit dem Preußischen König.

Güstrow, Schloß, Hofarkaden

1755 Annahme des landesgrundgesetzlichen Erbvergleiches; Einsetzung einer Direktorialkommission; alle ritterschaftlichen Güter werden vermessen und bonitiert. Konsolidierung der Ritterschaft und Landschaft.

1757 Preußische Truppen besetzen Mecklenburg, Beginn des Siebenjährigen Krieges.

1769 Aufhebung der Folter.

1791 Anstelle des abgebrannten alten Strelitzer Schlosses wird ein Landesarbeits-, Zucht- und Irrenhaus gebaut.

1795 Bau des ersten Badehauses am Heiligen Damm bei Doberan.

1803 Malmöer Vertrag; Mecklenburg erhält die Herrschaft über Wismar sowie die Ämter Poel und Neukloster für 1,75 Mill. preußische Taler zurück (Pfandvertrag für einhundert Jahre).

1806 Französische Truppen unter General Bernadotte besetzen Fürstenberg und später ganz Mecklenburg.

1808 Beide Mecklenburg treten dem Rheinbund bei und müssen Bundestruppen stellen.

1812 Das Mecklenburger Militärkontingent muß am Rußlandfeldzug Napoleons teilnehmen.

1813 Aufruf zum freiwilligen Dienst in der Infanterie durch Herzog Friedrich Franz I.
Der Dichter Theodor Körner fällt als Adjudant des Major von Lützow bei Wöbbelin.

1814/15 Wiener Kongreß; die mecklenburgischen Minister von Plessen und von Oertzen nehmen teil. Die beiden mecklenburgischen Herzoghäuser werden in den Rang von Großherzogtümern erhoben.

1817 Einrichtung des Landesarbeitshauses im Schloß Güstrow.

1819 Landtag in Sternberg, Beschluß über die Aufhebung der Leibeigenschaft in beiden Mecklenburg (Edikte dazu erst 1820).

1827 Erster Chausseebau in M.-Schwerin (Grabow-Boitzenburg).

1834 Dampfschiffverbindung Rostock–Warnemünde eröffnet.

1844 Beginn des Eisenbahnbaus in Mecklenburg auf der Strecke Berlin-Hamburg.

1845 Bau der Eisenbahnstrecke Hagenow–Schwerin–Rostock.

1848 Bewilligung der Pressefreiheit, Wahlgesetz zu einer Ständeversammlung erlassen.

1864 Eröffnung der Blindenanstalt in Neukloster.
Beide Mecklenburg treten dem Norddeutschen Bund bei. Bündnisvertrag mit Preußen.

1868 Beide Mecklenburg treten dem Zollverein bei. Der Elbzoll von Boitzenburg wird ab 1870 nicht mehr erhoben.

1872 Die deutsche Maß- und Gewichtsordnung von 1868 tritt in Mecklenburg in Kraft. Das metrische System wird eingeführt.

1874 An Stelle des mecklenburgischen Staatspapiergeldes treten Reichskassenscheine (Mark und Pfennig).

1886 Ein Stein- und Kalisalzbergwerk wird in Jessenitz angelegt.

1903 Aufnahme des Fährverkehrs Warnemünde–Gedser.

1918 Revolution der Matrosen in Warnemünde, Bildung eines Soldatenrates (5. Nov.), Abdankung des Großherzogs Friedrich Franz IV. (14. Nov.), Wahl zur verfassunggebenden Versammlung in M.-Schwerin am 15. Dezember.

1919 Wahl zur verfassunggebenden Versammlung in M.-Strelitz am 26. Januar, Gründung des Freistaates Mecklenburg-Strelitz.

1934 Vereinigung der beiden Freistaaten zum Land Mecklenburg unter Reichstatthalter Friedrich Hildebrandt.

1945 Bildung des Landes Mecklenburg-Vorpommern.

1947 Auf Grund des SMAD-Befehls Nr. 5 von 1945 wird die Benennung Vorpommerns als Landesbestandteil aus der Landesbezeichnung gestrichen.

1952 Verwaltungsreform in der DDR; alte Kreisgrenzen werden verändert und Bezirke gebildet. Teile der brandenburgischen Prignitz werden dem Bezirk Schwerin angegliedert. Teile der Uckermark und der Mark Brandenburg werden Bestandteil des Bezirks Neubrandenburg.

1990 Neubildung des Landes Mecklenburg-Vorpommern, Schwerin wurde Landeshauptstadt.

Weiterführende Literatur

AUTORENKOLLEKTIV: Natur und Umwelt (Ländliche Parkanlagen im Bezirk Rostock)
Hrsg. v. Bezirksvorstand der Gesell. f. Natur u. Umwelt im Kulturbund der DDR
Beiträge aus dem Bezirk Rostock, Heft 14, 1989

ADAMIAK, J.: Schlösser und Gärten in Mecklenburg
Seemann-Verlag, Leipzig 1975

ALVENSLEBEN, U. v. & KOENIGSWALD, H. v.: Besuche vor dem Untergang
Ullstein-Verlag Berlin, Frankfurt/M., Wien, 2. Aufl. 1968

BERNITT, Hans: Vom alten und neuen Mecklenburg
Schwerin 1954

BOLL, Ernst: Geschichte Mecklenburgs mit besonderer Berücksichtigung der Culturgeschichte, 2 Bände
Neubrandenburg 1855 und 1856

BRANDT, J.: Altmecklenburgische Schlösser und Herrensitze
Berlin 1925

BRÜCKNER, E.: Schloß Mirow wird Landesaltersheim
in: Denkmalpflege in Mecklenburg, Jahrbuch 1951/52
Dresden 1952

BÜLOW, Dr. von: Wanderung eines fahrenden Schülers durch Pommern und Meklenburg 1590
Baltische Studien, Stettin, 30:57–100, 1880

BURKHARDT, Albert: Mitten in Mecklenburg
VEB Brockhaus Verlag, Leipzig 1983

BURMEISTER, W.: Mecklenburg
Berlin 1926

BURMEISTER, W.: Hohenzieritz
Meckl. Monatshefte 3:414–418, 1927

CLASEN, K.-H.: Die Baukunst an der Ostseeküste zwischen Elbe und Oder
Dresden 1955

DEHIO, G.: Handbuch der deutschen Kunstdenkmäler, Bd. 2, Nordost-Deutschland
Berlin 1906

DEHIO, G.: Handbuch der deutschen Kunstdenkmäler, Die Bezirke Neubrandenburg, Rostock, Schwerin
2. Auflage, Akademie-Verlag, Berlin 1980

DETTMANN, G.: Das alte Schloß in Kleinow
Jahrbücher und Jahresberichte des Vereins für mecklenburgische Geschichte und Altertumskunde, 86:1–18, 1922

DUNCKER, Alexander: Die ländlichen Wohnsitze, Schlösser und Residenzen der ritterschaftlichen Grundbesitzer in der Preußischen Monarchie
Berlin 1857–1884

ECKHARDT, G.: Schicksale deutscher Baudenkmale im zweiten Weltkrieg, 2 Bände
Henschelverlag, Berlin 1978

ENDE, Horst: Die Denkmale des Kreises Schwerin
Schwerin 1987 (Nachauflage)

ENDLER: Mirow
Meckl. Monatshefte 3:358-361, 1927

ENDLER: Geschichte des Landes Mecklenburg-Strelitz
Richard-Hermes-Verlag, Hamburg 1935

ERICH, Eilhard: Der Theatergraf
Meckl. Monatshefte 3:35–36, 1927

GANTZER, Paul: Geschichte der Familie von Dewitz
1. Bd. 1912; 2. Bd. 1913; 3. Bd. 1918

GEHRIG, Oscar: Das Schloß zu Güstrow, ein Hauptwerk der Renaissance in Deutschland
Verlag, W. Block, Güstrow, 2. Auflage, 1922

GOTHEIN, Marie Luise: Geschichte der Gartenkunst
Jena 1914

GOTTHEIL, Julius: Mecklenburgisches Album
Hrsg. B. S. BERENDSOHN, Hamburg 1855/1856

GRAUE, H. & IGGENSEN, J.: Denkmale im Kreis Hagenow
Hagenow 1985

GROSSE, G. & MÜLLER, M.: Die Mecklenburger Schweiz unter anderem
F. A. Brockhaus, Leipzig 2. Auflage, 1990

GÜNTHER, H.: Peter Joseph Lenné – Gärten, Parks, Landschaften
VEB Verlag für Bauwesen, Berlin 1985

HAUPT, Albrecht: Schloß Wiligrad in Mecklenburg
Wiesbaden 1903

HINZ, Christine: Wandern um Neubrandenburg
Neubrandenburg 1989

HINZ, Gerhard: Ein Beitrag zur Kenntnis der Mecklenburgischen Parkanlagen unter besonderer Berücksichtigung der schöpferischen Tätigkeit des Peter Joseph Lenné
Gartenkunst, Jg. 53–55, 1940–1942

HITZIG, Friedrich: Ausgeführte Bauwerke
Verlag von Ernst & Koch, Berlin 1850–1867

HUSTAEDT, Konrad: Hohenzieritz, seine Kunstdenkmäler und Erinnerungsstätten
Neustrelitz 1910

JACOBS, Edgar: Mecklenburgische Herrenhöfe
Dissertation, Berlin 1937

KOCH, F. E.: Zur Baugeschichte des Schlosses Rossewitz
Jahrbuch des Vereins für mecklenburgische Geschichte und Altertumskunde 58:89–96, 1893

KOCH, Wilfried: Baustilkunde
Orbis Verlag, München 1990

KRAUß, N. (Hrsg.): Geschützte Natur zwischen Peene und Küstrinchenbach – Wanderempfehlungen
Neubrandenburg 1990

KRÜGER, G.: Kunst- und Geschichtsdenkmäler des Freistaates Mecklenburg-Strelitz
Neubrandenburg 1921–1934

KRÜGER, Renate: Ludwigslust
Konrad-Reich-Verlag, Rostock 1990

KRÜGER, Renate & HELMS, Thomas: Schwerin und sein Schloß
Konrad-Reich-Verlag, Rostock 1990

KRUG, Chr. u. R.: Alt Rehse, Geschichte eines Dorfes
Neubrandenburg 1982

LEHSTEN, G. v.: Der Adel Mecklenburgs seit dem landesgrundgesetzlichen Erbvergleich (1755)
Rostock 1864

Lisch, G. Chr. F.: Mecklenburg in Bildern
4 Bände, Rostock 1842–1845
Lisch, G. Chr. F. & Wedemeyer, F.: Album mecklenburgischer Schlösser und Landgüter in Abbildungen der Residenzen, Schlösser und Rittergüter der Großherzogtümer Mecklenburg-Schwerin und Mecklenburg-Strelitz, begleitet von historisch-statistisch-topografisch bearbeitetem Text, Leipzig 1860–1862
Lorenz, A. F.: Denkmalschutz in Mecklenburg-Schwerin, II. Baudenkmale (1930–31)
Jahrbuch des Vereins für mecklenburgische Geschichte und Altertumskunde, 95:184–198, 1931
Lorenz, A. F.: Torhäuser mit Kapellen in Mecklenburgischen Burgen
Wiss. Zeitschriften der MLU-Universität Halle-Wittenberg, gesell.- u. sprachwiss. Reihe, 10:199–210, 1961
Meyerhöfer, Rolf: Rund um die Wolfshagener Königssäule – Ein kleiner Reiseführer durch Wolfshagen im Kreis Strasburg, Bezirk Neubrandenburg
Strasburg und Wolfshagen 1985
Mielke, Friedrich: Die alte Burg Penzlin
Burgen und Schlösser, 13:55–62, 1972 (Heft 2)
Müther, Hans: Friedrich Wilhelm Buttels Leben und seine Kirchenbauten
Neubrandenburg 1936
Nugent, Thomas: Reisen durch Deutschland und vorzüglich durch Mecklenburg
Berlin und Stettin 1781–1782
Oertzen, Claus von: Geschichte der Burg Stargard in Mecklenburg
Neubrandenburg 1887
Ohle, W.: Ehemalige Guts- und Herrenhäuser in Mecklenburg, in: Denkmalpflege in Mecklenburg, Jahrbuch 1951/52
Dresden 1952
Piper, Otto: Burgenkunde
München bei Th. Ackermann, 1895
Schlie, F.: Die Kunst- und Geschichtsdenkmäler des Großherzogthums Mecklenburg-Schwerin
5 Bände, Schwerin 1899–1905
Schwarz, Uwe: Die niederadligen Befestigungen des 13. bis 16. Jahrhunderts im Bezirk Neubrandenburg (Beiträge zur Ur- und Frühgeschichte der Bezirke Rostock, Schwerin und Neubrandenburg, Bd. 20)
VEB Deutscher Verlag der Wissenschaften 1987
Schwerin, Fritz Graf von: Jahresversammlung in Schwerin i. M.
Mitteilungen der Deutschen Dendrologischen Gesellschaft 42:439–479, 1930
Thielcke, Hans: Die Bauten des Seebades Doberan-Heiligendamm um 1800 und ihr Baumeister Severin
Doberan 1917
Ulrich, Hans: Dargun
Germanenburg – Zisterzienserkloster – Schloß
Verlag G. Voss, Dargun 1922
Vitense, Otto: Geschichte von Mecklenburg
F. A. Perthes, Gotha 1920
Wendt, R.: Glashüttenbetrieb und Gutsherrschaft in Mecklenburg vom 17. bis 19. Jahrhundert
Wiss. Zeitschrift der Universität Rostock, gesell.- und sprachwissenschaftl. Reihe, 21:53–80, 1972
Wiese, Fritz: Die Nadelhölzer Mecklenburg-Schwerins
Inaugural-Dissertation, Rostock 1922
Wredow, J. Chr. L.: Oeconomisch-Technische Flora Meklenburgs
Lüneburg 1812 bey Herold und Wahlstab
Zeiller, Martin: Topographia Electoratus Brandenburgi et Ducatus Pommeraniae,
Merians Erben, Frankfurt a. M. 1652

Begriffserklärung

Aborterker, nach unten geöffneter Abtritterker an der Außenseite von Mauern
Allee, Baumgang, gebildet durch parallel verlaufende Baumreihen
Altan, auch Söller genannt, eine aus oberen Geschossen ins Freie führende, stets bis zum Erdboden unterbaute Plattform ohne Dach
Architrav, waagerecht auf Säulen aufliegender Balken
Arkade, Bogen, der auf Säulen oder Pfeilern ruht, auch Bezeichnung für einen durch sie begrenzten Bogengang
Attika, brüstungsartiger Aufbau oder niedriger Mauerstreifen über dem Hauptgesims eines Gebäudes, einer Säulen- oder Pilasterordnung zur Verdeckung dahinterliegender Dächer
Auskragung, das Hervorspringen eines Bauteils aus der stützenden Wand
Backstein, künstlicher Baustein aus luftgetrocknetem oder gebranntem Lehm oder Ton, vermischt mit Zuschlagstoffen. Stark gebrannte oder gesinterte Backsteine werden als Klinker bezeichnet.
Balustrade, Brüstung mit Freistützen (Balustern oder Docken)
Basis, Fuß einer Säule oder eines Pfeilers
Bastion, ursprünglich ein vor die Festung gesetztes Verteidigungsbollwerk zur Sicherung des Vorfelds
Bergfried, auch Bergfrit, Belfried, Berchfrit, Haupt- und Fluchtturm einer mittelalterlichen Burg
Blende, Scheinarchitektur, die Bögen, Arkaden, Fenster oder Portale einer geschlossenen Wand «blind» vorsetzt ohne eine dahinter befindliche Öffnung
Brüstung, im Gegensatz zur offenen Balustrade ein geschlossenes Wandstück
Burg, bewohnte Wehranlage des Altertums und des Mittelalters. Bauliche Sicherung durch Gräben, Ringmauer mit Wehrgängen, Toren und Zugbrücken. Innerhalb der Mauern befanden sich i.d.R. der Bergfried, Palas mit Wohnräumen, Burgkapelle, Brunnen oder Zisterne
Chinoiserie, Nachahmung ostasiatischer Dekorations- und Bauformen in der europäischen Architektur
Dendrologie, wissenschaftliche Baum- und Gehölzkunde
Englischer Garten, auch Landschaftsgarten; ein künstlich angelegter, aber der Natur weitgehend entsprechender Park
Epitaph, senkrecht montierte Gedächtnistafel für einen Verstorbenen
Erker, vorragender geschlossener Ausbau, häufig über mehrere Geschosse reichend, jedoch stets ohne Erdgeschoß
Fachwerk, Bauweise, bei der die statische Konstruktion aus einem Holzbalkengerüst besteht. Die so gebildeten Gefache werden mit Bohlen, Lehmflechtwerk oder Ziegeln geschlossen
Fassade, Ansichtsseite eines Gebäudes
Fensterüberdachung, Bekrönung der Fenster mit Gesimsen oder Giebeln
Fiale, türmchenartiges Zierglied, das einen gotischen Pfeiler bekrönt
Flachdach, Dachform mit einer Neigung unter 25°
Fledermausgaube, s. Gaube
Flügel, Gebäudeteil, der einem Hauptbau durch seitliche, rechtwinklige oder schräge Angliederung baulich oder funktionell untergeordnet ist
Französischer Garten, Park des 17. und 18. Jahrhunderts, gekennzeichnet durch die zentrale, zum Schloß als Mittelpunkt führende Hauptachse, durch Rondelle, geometrisch geschnittene Baum- und Heckenpflanzungen, Kanäle, Springbrunnen und Plastiken
Freitreppe, offene Treppenanlage, die zum erhöhten Erd- oder zum ersten Obergeschoß führt
Fries, dekorativer, durch Malerei, Ornamentik und figürliche Darstellung geschmückter Flächenstreifen zur Gliederung von Architekturteilen
Frontispiz, Giebel als Stirnansicht über Risaliten eines Gebäudes
Gaube, auch Gaupe, Dachfenster mit eigener Bedachung. Bei geschoßhohem Ausbau Unterscheidung in Dacherker, Lukarne und Zwerchhaus
Fledermausgaube, flaches Dachfenster unter sanft angehobener Dachhaut
Gesims, auch Sims, waagerecht aus der Mauer hervortretender Streifen. Das Gurtgesims trennt Geschosse voneinander
Gewölbe, gekrümmte Raumdecke aus Steinen, deren Fugen auf den Mittelpunkt der Wölbung gerichtet sind
Giebel, dreieckiger, abschließender Außenwandteil eines Satteldachs; auch Zierform über Portalen, Fenstern oder Wandnischen; bei Anordnung über Risaliten als Frontispiz bezeichnet.
Intarsien, kunsthandwerkliche Einlegearbeiten in Holz, Stein oder Stuck, bei der verschiedenfarbige Teile zu Ornament- oder Bilddarstellungen zusammengesetzt werden
Kapelle, kleiner sakraler Kultraum; auch Bezeichnung für Kirchen ohne eigenes Pfarrecht
Kapitell, Kopf einer architektonischen Stütze (Pfeiler, Säule, Pilaster) zur Erweiterung des Auflegers
Kartusche, Zierrahmen für die Aufnahme von Inschriften, Wappen, Zahlen usw., aus einer schildartigen Fläche und einem Rahmen aus Rollwerk bestehend
Kassettendecke, durch sich überkreuzende Balkenlagen in einzelne, vertiefte Felder aufgeteilte flache oder gewölbte Decke. Die so gebildeten Felder (Kassetten) können bemalt oder anderweitig geschmückt sein
Klinker, durch starke Brennwirkung gesinterter Backstein mit hoher Widerstandsfähigkeit, kann glasiert sein
Kolossalordnung, Säulenordnung, die über mehrere, meist zwei Etagen reicht
Korridor, Laufgang innerhalb eines Gebäudes, aber außerhalb einer Zimmerflucht
Laterne, von Fenstern oder Öffnungen durchbrochenes Türmchen auf Kuppeln und Dächern
Lisene, aus der Mauer hervortretender schmaler, senkrechter und flacher Streifen. Im Gegensatz zum Pilaster ohne Basis und Kapitell
Lünette, halbkreisförmiges Bogenfeld über Türen und Fenstern
Mansarde, das zu Wohnzwecken ausgebaute Dachgeschoß
Mansardendach, geknicktes Sattel- oder Walmdach, dessen untere Flächen steiler verlaufen als die oberen und sich daher zum Ausbau zu Wohnzwecken eignen. Benannt nach dem französischen Architekten J. HARDOUIN-MANSART (1646–1708).
Marstall, Pferdestall eines Schlosses
Mausoleum, aufwendig gestaltetes Grabmal, abgeleitet vom Grabmal des Königs MAUSSOLUS in Halikarnass/Kleinasien (um 325 v.u.Z.)
Medaillon, Bild oder Relief in rundem oder ovalem Rahmen
Mezzanin, niedriges Halb- oder Zwischengeschoß, meist unter dem Dach oder über dem Erdgeschoß

Nische, Wandgliederung in Form einer Mauervertiefung mit viertelkugliger Abschlußwölbung
Obelisk, hoher, rechteckiger, sich nach oben verjüngender Steinpfeiler
Oberlicht, in die Decke von Räumen eingelassene, verglaste Fensteröffnung zur Tageslichtversorgung
Ochsenauge, runde oder ovale Fensterform
Oktogon, regelmäßiges Achteck
Orangerie, meist heizbares Gewächshaus für nicht winterharte Pflanzen südlicher Herkunft, mit nach Süden gerichteter Glasfassade
Ornament, künstlerisches Schmuck- und Gliederungselement, das sich durch seine geschlossene Form auszeichnet
Palas, Wohnbau der mittelalterlichen Burg
Paneel, ursprünglich hölzerne Wandverkleidung, später reduziert auf das als Abstellmöglichkeit benutzte vorkragende obere Abschlußbrett
Parterre, das zu ebener Erde liegende Geschoß eines Gebäudes; auch die einem Gebäude (Schloß) vorgelagerte, ebene Garten (Rasen-)fläche
Pavillon, ursprünglich die Bezeichnung für ein Rechteckzelt, dann übertragen auf kleine freistehende Gartenbauwerke. Seit dem 18. Jahrhundert auch verwendet für plastisch stark aus der Fassade heraustretende Gebäudeteile
Pergola, aus Pfeilern oder Pfosten bestehender Laubengang, an dem Pflanzen ranken können
Pfeiler, senkrechte Stütze mit rechteckigem oder polygonalem Querschnitt
Pilaster, auf Außen- und Innenwänden flach aufliegender Wandpfeiler mit Basis, Schaft und Kapitell
Polygon, Vieleck
Portal, durch Größe und Schmuck betonter, repräsentativer Gebäude- oder Hofeingang
Portikus, von Säulen oder Pfeilern gestützter Vorbau eines Gebäudes
Profanbau, weltliches Bauwerk
Quader, massiver, rechteckiger Werksteinblock (Naturstein)
Quaderung, Nachahmung von Quadermauerwerk durch Putz- oder aufgemalte Fugen
Risalit, in seiner ganzen Höhe, einschließlich Dach, vorspringender Teil eines Gebäudes, Unterscheidung in Mittel-, Seiten- und Eckrisalit
Rollwerk, Ornament, bei dem die Enden des Ornamentes bandartig aufgerollt sind
Säule, Stütze mit rundem, polygonalem oder profiliertem Querschnitt
Schleifung, Niederlegung, Zerstörung alter Befestigungswerke, Begriff wird auch übertragen verwendet
Schloß, landschaftsbeherrschender Wohnbau des Adels in der Periode des Feudalismus; später umgangssprachlich für ein repräsentatives Bauwerk, besonders auf dem Land verwendet
Solitär, großer, einzeln gefaßter Edelstein; Begriff auch übertragen auf einen freistehen den Einzelbaum
Souterrain, ein zum Teil in den Erdboden eingelassenes Wohngeschoß eines Hauses
Steildach, Dachform mit einer Neigung von mehr als 30°
Stuck, leicht knet- und formbare, schnell trocknende Masse aus Kalk, Gips und Sand. In geglätteter und polierter Form auch als Marmorersatz verwendet
Stukkatur, Stuckdekoration eines Innenraumes oder einer Fassade, z.T. als vorgefertigte, in Formen gegossene und anschließend versetzte Massenprodukte
Supraporte, durch Malerei, Stuck oder Schnitzerei gestaltetes, gerahmtes Zierfeld über Türstürzen
Terrakotta, gebrannter, unglasierter Ton in Farbabstufungen von weiß über braun bis tiefrot, mit hoher Wetterfestigkeit
Terrasse, ebene, erhöhte Fläche in unmittelbarem Anschluß an ein Gebäude
Traufe, waagerechte untere Kante und Regenwasserablaufseite des Daches an der Langseite eines Gebäudes
Treppenturm, an der Außenwand eines Gebäudes angesetzter, oft turmartige erhöhter Baukörper, der im Innern eine Treppe enthält
Veranda, Vorraum eines Hauses oder Balkon mit leichter Überdachung
Verblendung, Verkleidung des rohen Mauerwerks durch Backsteine, Klinker, Naturstein oder Keramik
Volute, spiralförmig aufgerollte plastische Verzierung
Voute, eine meist im Viertelkreis verlaufende Ausrundung als Verbindung zwischen Wand und Decke von Innenräumen
Werkstein, Haustein, Naturstein
Zentralbau, Bauwerk, dessen Grundrißformen kreirund, oval, quadratisch oder regelmäßig polygonal ist; Bauwerk mit betonter Mitte
Zinne, Zacke der Brüstungsmauer einer mittelalterlichen Wehranlage. Die Gesamtheit der Zinnen bilden den Zinnenkranz. Die zwi schen den Zinnen liegenden Einschnitte sind die Schießscharten
Zwerchgiebel, giebelförmiger Aufbau an der Traufseite eines Daches, meist Bestandteil eines
Zwerchhauses, eines Dachhäuschens mit einem quer (zwerch) zum Hauptdach verlaufenden First

Ortsregister

Blücherhof, Eisernes Tor von 1908 als Zugang zum Schloß- und Parkbereich

OSTSEE
B105
Bad Doberan
ROSTOCK
B105
Klütz
Hohen Luckow
B103
E22
E55
B105
Rossewitz
Diekhof
Plüschow
Schloß Katelbogen
Güstrow
Hasenwinkel
B106
zu Mecklenburg Strelitz
B104
Wiligrad
Bellin
B104
Kaarz
Ratzeburg
Gadebusch
SCHWERIN
Mecklenburg Schwerin
E26
Karow
Lehsen
ELDE
Zühr
Dammereez
Quassel
Ludwigslust
MÜRITZ-ELDE-WASSERSTRASSE
ELBE
E26
B5